한계
없음

AMP IT UP

한계 없음

**넥스트 구글, 스노우플레이크의
1000배 성장 비결**

프랭크 슬루트만 지음 | 윤태경 옮김

한국경제신문

데이터도메인이 EMC에 인수됐을 때 나는 EMC 사장으로 재직 중이었다. 이후 프랭크가 일하는 모습을 옆에서 지켜봤는데, 그는 참으로 경이로운 리더였다. 데이터도메인에서 사업의 우선순위를 명확하게 설정하고 가치를 제안하는 데 집중했고, 회사 전체에 혁신을 실행했다. 《한계 없음》은 그 속사정을 들려줌으로써 다른 조직도 실행력을 갖추는 방법을 전한다.

팻 겔싱어 Pat Gelsinger, **인텔**Intel CEO

프랭크 슬루트만은 자신의 성공 비결을 모든 사람이 배우고 영감을 얻을 수 있도록 명쾌하고도 세세하게 설명해준다. 미션을 명확히 하라. 고객에게 집중하라. 집중력을 흐트러뜨리고 혼란을 일으키는 요소를 없애라. 탁월하고도 맹렬히 실행하라. 《한계 없음》은 우리 모두가 활용할 수 있는 레시피를 알려주는 책이다.

프란스 반 하우튼 Frans van Houten, **필립스**Philips CEO

벤처투자자로서 30여 년의 세월 동안 나는 프랭크만큼 탁월한 경영 노하우를 가진 이를 보지 못했다. 그는 극도로 밀도 높은 실행력으로 모든 이야기를 풀어낸다. '불편해지는 것에 익숙해져라', '희망은 전략이 아니다'. '브랜드를 구축하는 최선의 길은 더 많은 고객을 확보하는 것이다'는 프랭크가 우리에게 알려준 잠언들이다. 그의 조언 덕분에 나와 동료들이 여러 회사 CEO들의 여정을 돕는 더 나은 이사회 멤버가 될 수 있었다.

더글러스 레오네 Douglas Leone, **세콰이어캐피털**Sequoia Capital **파트너**

프랭크 슬루트만은 업계 최고 수준의 성과를 이뤄낸 CEO다. 이 책은 팀에 동기를 부여하고 탁월성을 불어넣음으로써 기대 이상의 성과를 갈망하는 모든 리더의 필독서다.

빌 맥더모트 Bill McDermott**, 서비스나우**Service Now **사장 겸 CEO**

스타트업, 중소기업, 대기업을 막론하고 현재와 미래의 모든 기업 리더에게 흥미로운 책이다. 미션에 집중하고 최고 수준으로 실행하는 리더십을 배우고 싶다면, 이 책이 정답이다!

조 투치 Joe Tucci**, EMC 전 이사회 의장 겸 CEO**

지난 15년간 나는 프랭크 슬루트만이 데이터도메인, 서비스나우, 스노우플레이크를 얼마나 탁월하게 경영해왔는지 맨 앞자리에서 지켜보았다. 무엇이 프랭크를 세계 최고의 IT 기업 CEO로 만들었을까. 그는 터무니없이 높은 목표를 세우고, 그 목표를 뛰어넘는다. 진정성이 넘치는 리더로서 모든 이에게 전략을 명확히 이해시킨다. 그는 승리를 위해서라면 무슨 일이든 해낼 대담한 리더다. 《한계 없음》은 팀과 조직을 한 차원 업그레이드하고 싶어 하는 사람들의 필독서다.

마이크 스파이저 Mike Speiser**, 서터힐벤처스**Sutter Hill Ventures **매니징 디렉터**

차례

7부 | 리더는 어떻게 한계를 넘는가

1부
___

한계를 넘는
폭발적 성장 기술

AMP
IT UP

• 1장 •

들어가며: 한계를 없애는 증폭의 힘

증폭하라

몇 년 전 링크드인LinkedIn에 '증폭하라Amp It Up'라는 제목의 글을 올린 적이 있다. 이 기사의 주요 전제는 비싼 돈을 들여가며 조직 구성원들의 재능, 조직구조, 근본적 비즈니스 모델 등을 바꾸지 '않고도' 조직의 성과를 개선할 수 있다는 것이었다. 즉 기존에 하던 대로 업무를 진행하되, 업무 활동을 극적으로 증폭하라는 조언이었다. 기준을 높이고, 속도를 올리고, 조직의 우선순위를 명확히 하고, 구성원들을 정렬alignment(기업의 최상위 전략에 따라 각 부서가 같은 방향성을 유지하고 협업하게 하는 것—옮긴이)하라. 조직의 모든 활동을 검토하기 위해 다양한 분야의 컨설턴트들을 고용할 필요도 없다. 관건은 조직 구성원들의 기대와 에너지, 절박감, 업무 강도를 단계적으로 높이는 것이다. 나는 이를 '증폭'이라고 부른다.

이 기사는 많은 이들의 관심 속에 수천 개의 '좋아요'와 추천, 댓글을 받았으며 직접 만나서 강연해달라는 요청도 쇄도했다. 나는 리더들, 특히 기업가들에게 강연하길 좋아해서 때때로 콘퍼런스에서 발표하고 경영대학원에서 강의도 하는데, 나의 증폭 경영 철학을 더 알고 싶어 하는 모든 사람의 요구를 맞춰주기에는 한계가 있었다. 자신의 경험을 다른 사람들과 나누는 것이야말로 리더의 의무이지만, 일대일 대면은 물론 소규모 모임으로 공유하는 방법은 비효율적이고 확장성도 없다. 특히 본업으로 바쁜 리더라면 더더욱 그렇다. 그래서 책을 쓰기로 했다. 그러면 더 많은 이들에게 목적 지향적 고성과 기업을 이끄는 방법에 관해 내가 관찰해온 바와 이를 바탕으로 다듬어진 확신 및 신념을 알릴 수 있으리라고 생각했다.

이 책에서 소개하는 개념·전략·전술은 내가 직장 생활을 해오면서 개발한 결과물로, 특히 세 기업에서 CEO로 재직한 시기에 나온 것이다. 2003년부터 2010년까지는 데이터도메인 Data Domain에서 근무했고, 2011년부터 2017년까지는 서비스나우 ServiceNow에서 일했으며, 2019년부터 현재까지는 스노우플레이크에 몸담고 있다. 이 외에 벤처캐피털리스트나 이사회 멤버, 기업 중역으로 활동한 시기도 있었지만 기업에서 쌓는 경험 중 단연 최고는 CEO로서의 경험이다. 나는 극도로 경쟁이 치열한 시장에서 기업의 리더십, 전략, 문화, 운영에 전권을 가진 CEO로 일하는 것이 좋다.

리더가 무능하거나 불필요한 일에까지 신경 쓰느라 관심이 흩어지면 조직의 상황은 순식간에 악화될 수 있다. 인간의 본성상 업무를 적당히, 느릿느릿 처리하는 조직 구성원이 늘어나기 때문이다. 본질에 집중하는 리더십이 없으면 수많은 업무의 우선순위가 뒤죽박죽이 되어 서로 충돌한다. 그러면 최고의 인재들이 자신의 재능과 에너지가 제대로 쓰이지 못한다고 생각해 좌절감을 느끼고 조직을 떠난다. 이 지경에 이르면 조직은 파멸적인 쇠퇴의 길로 들어선다. 리더가 증폭의 기술을 발휘하지 않는다면 조직의 쇠퇴 앞에 속수무책일 수밖에 없다.

리더십이 바뀌면, 인재·조직구조·전략에 구조적인 변화가 일어나지 않더라도 즉각적인 효과를 볼 수 있다. 구성원 모두가 의욕이 솟고, 처리 속도가 빨라지고, 조직의 기능을 수행하는 데 필요한 기초적인 업무에 더 높은 기대를 가지고 훨씬 더 집중하기 때문이다. 갑자기 모든 일이 착착 진행되므로 막힌 속이 뻥 뚫리는 기분이 들 것이다.

이는 기업에만 국한된 현상이 아니다. 스포츠 분야만 하더라도 저조한 승률을 기록하던 팀이 극적인 선수 교체 없이도 이례적인 승률을 올리는 예를 종종 볼 수 있다. 미국풋볼리그 북부 지구 소속 팀인 그린베이 패커스Green Bay Packers가 대표적인 사례다. 이 팀은 빈스 롬바르디Vince Lombardi가 감독으로 부임한 첫해에는 1승 10패를 기록해 11시즌 연속 승률이 50퍼센트가 안 됐다. 그런데 그다음 시즌에는 롬바르디의 지도하에 7승 5패를 기록해 오랜만에 승률 50퍼센트를 넘겼으며, 이후 여러 시즌 동안 디비전 우승을 차지했다. 오늘날까지도 슈퍼볼 우승팀이 받는 우승 트로피의 이름이 롬바르디인 것은 우연이 아니다.

이 책의 목적은 조직이 처한 어려움을 타개하는 데 필요한 전술적 조언뿐만이 아니라 맥락과 방법도 제공하는 것이다. 이 책에서 소개하는 아이디어들을 조직의 크기에 맞춰 적용하고, 효과가 있는지 확인해볼 수 있을 것이다.

나는 세상 사람들이 내게 동의하도록 설득할 생각이 없다. 기업이 한계를 모르는 폭발적인 성장을 하기 위해 증폭 경영 프로세스를 선택할지 말지는 당신 마음이다. 당신이 스타트업·대기업·비영리단체의 CEO든 그 외 직위의 리더든 간에, 앞으로 이어질 장들이 당신이 조직을 위해 옳은 일을 하도록 결의를 다지고 노력하는 데 길잡이가 되리라고 믿는다.

나는 리더들이 그런 통찰을 동료 리더에게서만 얻을 수 있다고 믿는다. 벤처캐피털리스트 친구들을 모욕할 생각은 없으나, 그들은 종종 자신들이 기업에 투자한다는 사실만으로 이사회에서 기업가에게 설교할 권리가 있다고 생각하곤 한다. 기업을 경영해본 적도 없으면서 말이다. 기업 경영을 옆에서 지켜본 경험은 기업을 직접 경영해본 경험과 천지 차이다.

지난 20년간 세 기업을 경영하면서 세 차례의 상장IPO에 성공하고, 수천억 달러의 시장가치를 창출해 언론의 관심을 받았다. 그중 많은 이들이 그런 결과를 어떻게 거뒀는지 궁금해하면서 내게 질문을 퍼붓곤 했다. 여기서 그 질문에 다시 한번 답하고자 한다.

증폭 경영 프로세스에는 5대 핵심 단계가 있다. 첫째 기준을 높이고, 둘째 직원과 문화를 정렬하고, 셋째 초점을 좁히고, 넷째 속도를 올리고, 다섯째 전략을 전환하는 것이다.

첫째, 기준을 높여라

애플의 스티브 잡스는 '미치도록 훌륭한insanely great' 제품에만 관심이 있었다. 그는 매사에 높은 기준을 적용하고, 기준을 충족하지 못하는 것은 즉시 제외했다.

당신도 매일 '미치도록 훌륭한'을 기준으로 삼아 얼마나 더 개선할 수 있는지 확인해보라. 사람들은 보통 업무를 빨리 처리해 부담을 덜고자 기준을 낮추는데, 그래선 안 된다. 모든 업무 단계에서 그런 충동에 저항하라. 기준을 높이는 데는 그렇게 큰 정신력이 필요치 않다. 문제를 어영부영 넘기지 않고 직시하는 데서 출발하면 된다. 기준을 높이는 것은 그 자체로 활력을 북돋워 준다.

나는 어떤 제안이나 제품, 기능에 관해 평가해야 할 때 내 생각을 말하는 대신 직원들의 생각은 어떤지 물어본다.

"그것이 자네의 마음을 설레게 하는가?"

"굉장히 마음에 드는가?"

보통은 "괜찮습니다" 또는 "나쁘지 않습니다"라는 대답이 돌아온다. 직원들은 내 표정을 보고 내가 기대하던 답변이 아니었음을 알아챈다. 그래서 다음번에는 흥미진진한 아이디어가 떠올라 가슴이 뛸 때 나를 다시 찾아온다.

우리는 모두 자기가 하는 일에 전율을 느껴야 한다. 그러니 내면에 있는 스티브 잡스를 깨워라. 미치도록 훌륭한 제품을 목표로 삼아라. 그러면 앞으로 나갈 힘이 솟구친다!

둘째, 기업과 조직문화를 정렬하라

기업이 커지고 부서가 많아질수록 '정렬'이 중요해진다. 모든 임직원이 한배에 타서 같은 방향으로 노를 젓고 있는지 살펴라.

내가 CEO로 합류한 시점에 스노우플레이크는 정기적으로 일정 요금을 내는 고객에게 서비스를 제공하는 구독 서비스형 소프트웨어SaaS, Software as a service 방식으로 운영되고 있었다. 하지만 스노우플레이크는 기본적으로 종량제 유틸리티 기업이다. 고객의 전력 소비량만큼 요금을 청구하는 전력회사처럼, 스노우플레이크는 고객이 사용한 데이터 소비량만큼 요금을 청구한다. 그렇지만 여타 SaaS 기업들처럼, 스노우플레이크의 판매 조직은 계약 금액에만 정신이 팔려 있었다. 우리 회사의 회계기준에선 계약액이 아니라 고객의 실제 데이터 소비량이 매출액으로 연결되는데도 말이다. 물론 데이터 용량을 다 소비한 고객이 다시 주문할 확률이 있기에 전혀 무관한 건 아니지만, 계약액과 매출액 간에는 간접적인 상관관계만 있을 뿐이다.

이처럼 잘못된 정렬은 곳곳에서 발견됐다. 다수의 고객은 처음에 큰 데이터 용량을 계약했다가 자신이 이를 다 사용하지 않는다는 걸 알고 다음에는 전보다 작은 용량을 계약했다. 그런데도 담당자들은 데이터 소비량을 별로 신경 쓰지 않았다. 회사가 판매 직원에게 제공하는 보상이 계약액을 기준으로 하기 때문이다. 그러다 보니 고객과 계약을 체결하는 데 드는 비용은 갈수록 늘어났지만, 매출액은 그 증가 속도를 따라가지 못했다.

이런 문제점을 발견하고 데이터 소비량을 기준으로 정렬하기까지 몇 분기가 걸렸다. 그 후 직원들은 '소비량'이라는 렌즈를 통해 매사를 바라보게 됐다. 즉, 제대로 정렬된 것이다.

정렬의 더 중요한 대목은 직원 보상 부분이다. 우리는 모든 직원에게 중역들과 동일한 방식으로 보상하고, 매우 선별적이고 핵심에 집중된 평가지표를 적용해 보너스를 지급한다. 일정 매출액을 달성하면 보너스를 지급하기로 직원들에게 약속하지 않는 한, 최고영업책임자도 그런 보상을 받지 못한다. 이런 보상 시스템이 있어야 모든 직원이 회사의 목표를 함께 인식한다.

기업의 정렬이 흐트러지는 원인 중 하나는 목표관리MBO, Management By Objective(상급자와 하급자 사이의 공동 목표 설정과 실적 평가를 통해 더 높은 성과를 유도하는 경영관리 기법—옮긴이)에 있다. 나는 최근 20년간 합류한 모든 기업에서 MBO를 없앴다. MBO는 직원들이 자기 마음대로 정한 기준에 따라 일하도록 유도하기 때문이다. 직원들은 개인적인 평가지표에 따라 보상을 받기에 각자의 프로젝트에 매몰된다. 그리고 자신의 기준이 타당하다는 걸 인정받기 위해 경영진과 협상하려 한다. 이것은 정렬이 아니라 모든 직원이 각자도생하는 상황일 뿐이다. 직원들에게 일을 시키기 위해 MBO가 필요한 상황이라면 잘못된 직원들을 뽑았거나 아니면 잘못된 관리자를 두었거나, 어쩌면 그 둘 다일 것이다.

셋째, 초점을 좁혀라

우선순위를 제대로 정의하지 않고 너무 많은 우선순위를 설정한 탓에 역량이 너무 얇게, 너무 넓게 퍼져 있는 조직이 많다. 이런 조직에서는 시간이 흐를수록 업무 적체 현상이 심각해져 문득 정신을 차려보면 처리해야 할 문제가 산더미처럼 쌓여 있다. 예를 들어 조직 역량을 1킬로미터에 걸쳐서 1센티미터 두께로 고르게 펼쳐놓는다면 어떻게 되겠는가. 너무 많은 일을 한꺼번에 처리해야 하기에 속도가 느려질 수밖에 없다. 마치 늪에서 수영하는 상황이다.

리더들이 거의 즉각적인 개선 효과를 볼 수 있는 두 가지 방법이 있다. 첫째, 여러 가지 업무를 동시에 집행하기보다 차례차례 집행할 계획을 세워라. 동시에 진행하는 업무의 수를 줄이고, 우선순위를 매겨 먼저 처리할 업무를 찾아내라. 우선순위를 제대로 매길 수 있을지 확신이 들지 않더라도, 어쨌든 해보라. 이 과정만으로도 깨닫는 바가 있을 테니까.

둘째, 가장 중요한 일과 덜 중요한 일, 전혀 중요하지 않은 일이 무엇인지 파악하라. 리더가 그러지 않으면, 우선 처리해야 하는 중요한 일이 무엇인지 직원들 간에 합의가 생기지 않는다.

리더는 다음과 같은 질문을 끊임없이 던져야 한다.

- 우리가 지금 하지 않을 일은 무엇인가?
- 그 일을 하지 않으면 어떤 결과가 생길 것인가?

늘 우선순위를 설정하고, 재설정하는 버릇을 들여라.

우선 처리해야 하는 일 3개를 고르라고 하면, 대다수 직원은 비교적 어렵지 않게 선택한다. 하지만 종종 내가 직원들에게 하듯이 다음과 같은 질문을 던지면, 완전히 다른 장면이 펼쳐진다.

"올해 남은 기간에 딱 1개의 일만 해야 한다면, 그것은 무엇이고, 그 이유는 무엇입니까?"

이 질문을 받은 이들은 고민에 빠진다. 틀린 답변을 하기가 쉽기 때문이다.

이게 왜 그렇게 중요할까? 바로, 우선순위가 잘못되면 자원 배분이 잘못되기 때문이다. 그러면 회사는 엉뚱한 방향으로 배를 몰고 가다가 표류하게 된다. 그럼에도 사람들은 이 중요한 질문을 하지 않을뿐더러 질문을 받아도 답변을 회피한다. 가장 먼저 처리해야 하는 일을 1개만 선택하기보단 5개나 10개를 이야기하는 편이 쉽기 때문이다. 그렇게 5개나 10개를 꼽으면서도 정작 가장 중요한 일은 빼먹는 일이 많다.

'최우선 과제priority'라는 단어는 단수형으로만 사용하는 것이 이상적이다. 여러 개의 최우선 과제를 진행하는 순간, 실제로는 어떤 일도 최우선으로 처리하지 못한다.

서비스나우의 CEO로서 나는 새로 취임한 최고제품책임자CPO와 최우선 과제가 무엇인지 대화를 나눴다. 제품 조직은 제품의 개발, 관리, 마케팅을 총괄하는 조직으로서 처리해야 할 일이 너무도 많으니 리더는 나무만 보지 않고 숲을 보도록 사고의 레벨을 높여야 한다. 나와 CPO의 대화는 빨리, 쉽게 끝날 수 있는 성질의 것이 아니다. 하루하루 일상적 업무 처리에만 급급하면 큰 그림을 놓치기 쉽기 때문이다.

내 나름대로 최우선 과제를 생각하고 있었지만, CPO도 나와 같은 생각을 하고 있었을까? 애초에 최우선 과제라는 개념이 그에게 있었을까?

우리는 대화를 통해 하나의 최우선 과제를 도출했다. 그것은 바로, 다소 기계 중심적인 사용자 경험을 고객 친화적 서비스 경험으로 바꿔야 한다는 것이었다. 이것은 단기간에 끝날 프로젝트가 아니었다. 조직문화의 변화까지는 아닐지라도, 장기적 전략을 수정하고 계속해서 노력해야 하는 일이었다. 서비스나우의 미래를 위해 중요하지만 어려운 과제였다. 이 일을 해내려면 우리의 DNA를 바꿔야 했기 때문이다. 서비스나우의 고객은 다소 기계 중심적인 사용자 경험에도 기꺼이 인내심을 발휘해주는 IT 전문가들이었다. 그렇다고 하더라도 우리는 서비스나우를 사용자 친화적 경험을 제공하는 기업으로 강제로 탈바꿈시켜야 했다.

리더가 최우선 과제를 명확히 설정하는 것이 관건이다. 그러지 않으면 직원들은 문제 앞에서 우물쭈물하다가 별다른 성과를 내지 못한 채 물러서고 말 것이다. 좋은 의도로 프로젝트를 추진해도 다른 일에 우선순위가 밀리고, 자원을 제대로 배분받지 못하고, 목적을 명확히 하지 않은 탓에 흐지부지되는 경우가 많다.

모호성은 혼란을 낳는다. 명료한 사고와 목적은 비즈니스에서 큰 강점으로 작용한다. 훌륭한 리더십을 발휘하려면, 업무의 요점을 간결하게 진술하는 과정을 끊임없이 반복해야 한다. 자신의 의도를 명백히 설명하라!

경영진이 먼저 명확히 밝히지 못한다면, 최우선 과제가 무엇인지 제대로 이해하는 직원이 얼마나 되겠는가.

넷째, 속도를 올려라

문제가 많은 조직은 구성원들이 서두르지도 않고, 절박감도 없다. 왜일까? 어찌 됐든 퇴근 시간까지는 계속 근무해야 하니 서둘러 일할 필요가 없다고 생각하기 때문이다.

혹시 운전면허와 관련해 기관을 방문해본 적이 있는가? 그중에서도 만약 캘리포니아 자동차국을 방문한 적이 있다면 당신도 알 것이다. 직원들은 오후 4시가 되어서야 업무 처리를 서두른다. 퇴근 시간이 오후 4시 30분이고, 그 전에 업무를 처리해야 제시간에 퇴근할 수 있으니까. 4시 이전까지는 설렁설렁 근무한다. 업무를 빨리 처리해도 사무실에 계속 앉아 있어야 하기 때문이다.

조직의 속도를 정하는 건 리더의 역할이다. 가끔 직원들이 일주일 뒤에 업무를 완료하겠다고 말하면, 나는 내일이나 모레 완료하면 안 되는 이유가 있는지 묻는다. 결과물을 내놓는 시간을 압축하라. 우리는 마인드셋mindset을 바꾸는 것만으로도 훨씬 신속히 움직일 수 있다.

마인드셋이 바뀌면 모든 조직 구성원이 더 신속히 움직이므로 새로운 에너지와 절박감이 차오른다. 고성과 직원들은 에너지 넘치는 조직문화를 갈망한다.

이런 조직문화는 단번에 만들어지지 않는다. 이메일이나 메모를 한 번 보낸다고 해서 되는 일이 아니다. 직원들을 만날 때든 회의를 할 때든, 매 순간을 업무 속도를 높일 기회로 삼아야 한다.

압박을 가하라. 참을성을 줄여라. 일반적으로 인내는 미덕이지만, 비즈니스 환경에서 인내는 리더십의 부족을 드러낼 수도 있다. 일을 마무리하기까지 늪에서 수영하듯 끙끙대는 것은 누구도 바라는 바가 아니다. 그런데도 계획적으로 업무 처리를 늦추는 조직들이 있다. 즉시 바꿔라.

다섯째, 전략을 전환하라

이 책은 실행execution(목표 또는 계획을 정해진 기간 내에 완수하는 것—옮긴이), 특히 핵심 미션을 가차 없이 실행하는 방법을 중점적으로 다룬다. 그렇다고 전략이 중요하지 않다는 말은 아니다. 전략은 노력의 효과를 더욱 높여주는 요인이며, 일단 실행하는 방법을 알고 나면 더 나은 전략가가 될 수 있다.

전략을 전환하려면 더 크고 새로운 시장에 접근하기 위한 비즈니스 모델에 관한 생각의 폭, 즉 조리개aperture를 넓혀야 한다. 미식축구에서 넓은 시야로 경기장을 보고 패스하는 쿼터백처럼 주변시peripheral vision를 발달시켜야 한다.

전략을 고민하는 과정은 각기 다른 뇌 부위를 활성화한다. 이는 추상적이고, 유동적이고, 역동적이고, 다차원적인 사고 과정이다. 이 과정에서는 서로 상관없어 보이는 일들을 연결해서 고려해야 한다. 실제적 사고방식을 가진 사람에게는 이 과정이 미칠 듯이 어려울 수도 있다. 기존의 자신과 다른 방식으로 사고해야 하기 때문이다.

전략 전환의 필요성을 인식하고 기회를 붙잡으려면, 다른 모든 사람이 고개를 숙일 때 홀로 고개를 들어야 한다. 비즈니스 모델을 편집증적으로 고민하는 태도를 길러라. 기존의 비즈니스 모델로는 대처할 수 없는 경쟁자들이 언제든 달려들려고 도사리고 있으니까. 이는 내일 아침 해가 뜨듯 확실한 미래다.

그리고 장대한 전투를 시작하자

2017년 서비스나우 CEO에서 물러난 뒤, 다른 기업의 CEO직을 맡을 생각이 없었다. 하지만 나 같은 사람은 경영 현장이라는 경기장을 떠나기 어렵다. 새로운 상황을 경험하고 새로이 배우는 것을 몹시 좋아하니 말이다.

그래서 스노우플레이크라는 또 다른 기업의 CEO로 돌아왔다. 전도유망한 기업이 잠재력을 발휘하도록 돕는 건 가슴 뛰는 일이다. 새로운 플랫폼에서 새로운 비즈니스 모델로 새로운 기업들과 경쟁해야 하는 장대한 전투가 기다리고 있으니 극도로 흥분된다.

리더의 일은 고독하다. 하루 24시간, 일주일 내내 불확실성, 초조감, 실패에 대한 공포를 안고 산다. 수없는 결정을 내리고, 그중 일부는 틀린 결정으로 드러나 직원들과 투자자들을 실망시킬 수도 있다. 재무적인 위험도, 인간적인 위험도 크다. 잘 정리된 매뉴얼이나 가이드북이라는 게 있을 수 없기에 공포에 짓눌리기 쉽다.

리더가 맞닥뜨리는 대부분 문제는 이전에 본 적이 없는 것들이다. 특히 초기 단계의 기업을 경영하는 리더들은 안개로 둘러싸인 전쟁터에서 캄캄한 밤길을 걷는 기분을 수시로 느낀다.

당신이 안갯속을 꿰뚫어 보고, 맥락을 정립하고, 의견을 정리하고, 성공의 길로 나가도록 조직을 증폭하는 데 이어지는 장들이 도움이 되길 바란다.

- 2장 •

화장실 청소를 하던 소년에서 CEO까지

시작하기에 앞서, '증폭'이라는 접근법을 개발하게 된 배경을 소개하고자 한다. 이 접근법은 내가 지금까지 거친 모든 직업을 통해 진화시킨 경영 기법이다. 뒤에서도 틈틈이 경험담이 나오겠지만, 이번 장에서는 지금까지 경험한 여정을 스케치해보겠다.

규율을 배운 유년 시절

어릴 적 내가 자란 환경에는 훗날 실리콘밸리 CEO로서 성공하리라고 예견할 수 있는 부분이 그리 많지 않았다. 나는 1958년 네덜란드의 중산층 가정에서 태어났다. 부모님은 아들 둘과 딸

둘을 낳으셨고, 나는 둘째였다. 생필품이 부족했던 적은 없지만 살림살이가 빠듯한 집안이었다.

아버지는 두 차례 전쟁을 경험한 참전용사로 1950년대에 전역했으며, 자식들에게 항상 규율을 강조했다. "꾸부정하게 다니지 말고 어깨 펴고 똑바로 걸어라." 식사 예절도 엄격했다. 모두 자리에 앉기 전에 먼저 식사를 시작해선 안 됐으며, 식사하기 전에는 네덜란드어로 "잘 먹겠습니다"라고 말하게 했다. 포크와 나이프를 잘못 사용하면 올바르게 사용하라고 즉시 지적했다. 다른 사람과 만날 때는 눈을 쳐다보면서 제대로 악수하고 연장자를 이름만으로 부르지 말라고 가르쳤으며, 어른들이 안 좋게 보니 어른들 앞에서 아무것도 안 하고 빈둥거리는 모습을 보이지 말라고 강조했다. 절대 집 안에서 놀지 말고 밖에 나가서 놀라고도 했다.

10대 초에 학교 성적이 떨어진 적이 있다. 그때 아버지는 내게 성적을 올리라고 말하지 않고, 잠재력을 다 발휘하도록 노력하라는 말만 했다. 내가 열심히 노력해도 성적이 나오지 않는다면 아버지도 결과를 받아들이겠다고 했다. 하지만 그 전에 아버지가 인정할 만큼 내가 가진 모든 잠재력을 발휘해야 했다. 언뜻 성적 하락을 방치하는 것처럼 보이지만, 실제로는 내가 잠재력만큼 노력하지 않았을지 불안해져 공부하도록 유도하는 방식이었다.

10대 시절 나는 여름방학마다 아르바이트를 했다. 보통은 네덜란드 북부에 있는 튤립 농장에서 트랙터 뒤를 따라가면서 튤립 구근을 수확하는 일이었다. 맑은 날에도, 궂은날에도 하루 10시간씩 일했다.

어느 해 여름에는 아버지가 일하는 공장의 화장실을 청소하는 일을 했는데, 이때의 경험이 나에게 큰 영향을 미쳤다. 그 공장에는 1,000명 가까운 직원들이 있었고, 나는 오전 9시부터 오후 5시까지 공장에 있는 모든 화장실을 돌아다니며 청소했다. 감독관은 종종 내가 아침에 제일 먼저 청소한 화장실을 몇 시간 뒤에 가보고는 내가 제대로 청소하지 않았다고 지적했다. 내가 청소한 후 수백 명이 사용한 흔적만 보고 말이다. 아버지에게 억울함을 호소하자 엄격한 답변이 돌아왔다.

"네가 더 나은 성적을 올리지 않으면 그런 상사들 밑에서 계속 일하게 될 거다."

그때 내 나이가 열여섯이었다.

이후 나는 잠재력에 부합하는 삶을 살아야 한다는 마음가짐을 줄곧 유지했다. 나는 하루하루의 결과에는 그렇게 연연하지 않는다. 대신 투입량을 극대화하는 데 초점을 맞춘다. 매사에 능력을 최대치로 발휘하고 싶어서다. 훈련이 99퍼센트이고 실전이 1퍼센트인, 마라톤이나 철인3종경기에 임하는 선수와 같은 마음가짐이다. 이런 마음가짐으로 살려면 강인한 정신력이 필요하다. 충분히 잘하고 있다는 느낌이 들지 않고, 늘 마음 한편에서 불만이 가시지 않기 때문이다. 이런 사람이 성과를 내려면 비슷한 마음가짐을 가진 사람들과 함께 일해야 한다.

우리 같은 사람은 자축하는 데 서툴다. 승리를 거뒀어도 관심이 이미 그다음 단계의 일로 넘어가 있기에 승리를 기념하는 의식을 치르거나 자화자찬을 할 기분이 들지 않는 것이다. 다른 사람들 눈에는 스스로 옥죄면서 사는 듯이 보이겠지만, 눈앞의 과제에 늘 집중할 따름이다.

미국에 도착하다

나는 네덜란드 로테르담에 있는 에라스뮈스대학교 경제학부를 우등으로 졸업했다. 한 과목도 F학점을 받지 않았고 졸업에 필요한 학점을 3학년까지 모두 취득했기에, 미국에서 인턴십을 경험할 시간적 여유가 생겼다. 이때 미국 땅을 처음 밟아봤다.

미국 생활은 무척 마음에 들었다. 만나는 사람마다 친절하게 대해주었고, 모두가 늘 긍정적이고 쾌활한 기분으로 생활하는 듯했다. 고국과 대조적인 분위기였다. 네덜란드에선 운명에 체념하는 이가 많았고, 불평이 국민적 취미였다. 반면 미국인들은 늘 자신이 더 잘할 수 있다고 믿는 듯했다. 네덜란드인에 비해 미국인은 활력이 넘쳤다.

1년 뒤에는 네덜란드로 귀국해 졸업 논문을 쓰고 학위를 받았다. 가족 중 대졸자는 나뿐이었다. 나는 유니로열Uniroyal에서 인턴으로 근무할 기회를 얻어 미국행을 준비했다. 그러니 고국에서 정식으로 취업한 적이 없는 셈이다. 이 점이 아쉽지는 않다. 나는 어쩌면 나와 맞지 않는 나라에서 태어난 것인지도 모른다.

수중에 100달러를 쥐고 미국 공항에 내렸다. 도움이 절실한 처지였기에 모든 도움의 손길이 반가웠다. 심지어 어떤 분은 "돈은 여유될 때 주세요"라고 말하며, 1974년형 뷰익 르사브레 키를 주기도 했다. 실로 좋은 사람을 많이 만났다.

유니로열의 정식 직원이 아니었기에 미국에서 커리어를 이어가려면 어느 회사에든 정식으로 채용되어야 했다. 말이 쉽지, 현실은 그렇지 않았다. 당시 나는 영어 발음이 나빴고, 미국인들에게 생소한 이름의 대학을 졸업한 청년일 뿐이었다.

인턴으로 근무한 유니로열은 주력 상품이 타이어였고, 노거하이드Naugahyde라는 브랜드로 소파나 침대에 씌우는 인조가죽도 제조하는 전형적인 굴뚝산업 기업이었다. 유니로열에서 정리해고, 노조, 쪼그라드는 시장을 경험하며 아연실색했다. 당시에는 컴퓨터 산업이 전도유망한 미래 산업으로 보였다. 시장 규모가 크지는 않았지만, 최소한 역동적으로 성장하는 산업이었다.

1985년에는 컴퓨터 산업의 대표 기업인 IBM으로 눈을 돌렸다. IBM에 입사하려고 10여 차례나 시도했지만 모두 거절당해 결국 포기했다. 채용 담당자들은 내 낯선 유럽 대학 학위를 보고 채용을 거부했다. 세월이 흐른 후, IBM이 당시 내게 은혜를 베푼 것이었음을 깨달았다. 나는 다른 길로 갈 운명이었으니까.

버로스코퍼레이션과 컴셰어

버로스코퍼레이션Burroughs Corporation은 미시간주 디트로이트시에 본사를 둔 사무기기 제조업체다. 때마침 카터 행정부 재무부 장관과 프린스턴대학교 경제학과 교수를 역임한 독일 출신의 미국 기업가 마이클 블루멘탈Michael Blumenthal이 신임 CEO로 취임했다. 그래서 이곳의 채용 담당자들은 유럽 출신의 지원자가 덜 낯설었는지, 나를 전략기획실 직원으로 채용했다. 내가 지원한 건 그 부서가 아니었지만, 어쨌든 여기서 커리어를 쌓아갈 수 있으리란 생각이 들었다. 버로스코퍼레이션이 스페리코퍼레이션 Sperry Corporation과 합병해 유니시스Unisys가 탄생한 1986년 이후에도 나는 몇 년 더 근무했다.

유니시스에서 근무하면서 얻은 큰 교훈이 하나 있다. 버로스 경영진은 당시 너무도 거대해 보였던 IBM과 경쟁하기엔 자사가 너무 작다고 생각했다. 그래서 스페리와 합병하여 기업 규모를 키우는 전략을 채택했다. 그 후 우리는 기업 규모가 전부는 아니며, 빠르게 변화하는 시장 환경에서는 큰 덩치가 불리하게 작용하기도 한다는 사실을 배웠다. 이후 내가 경영한 모든 기업은 더 큰 기업과 경쟁했는데, 기업 규모가 작다는 점이 강점으로 작용했다. 기존 시장을 점유하던 대기업들은 누가 치고 올라오는지 몰랐고, 나는 아기처럼 보였던 기업들을 군인으로 키웠다.

우리는 모두 경력 초반에 자신이 어느 '엘리베이터'에 타는지 주의를 기울여야 한다. 어느 엘리베이터는 올라가고, 어느 엘리베이터는 내려가며, 어느 엘리베이터는 멈춰 있기 때문이다. 이는 대체로 우리의 통제 범위를 벗어나는 일이기에 슬기롭게 선택해야 한다. 나는 실리콘밸리에서 이런 예를 엄청나게 많이 봤다. 최근 20년간 구글Google, 아마존Amazon, 애플Apple에서 일한 사람들은 자신의 능력을 떠나 놀라운 커리어를 쌓았을 것이다. 반면 IBM, HP 같은 기업에서 일한 사람들은 커리어가 정체됐을 것이다.

버로스코퍼레이션과 유니시스에서 5년간 경력을 쌓은 나는 소프트웨어 업계로 가고 싶었다. 1980년대에 소프트웨어 산업은 아직 태동기였다. 당시 마이크로소프트Microsoft는 이미 상당한 매출을 올리는 중견 기업이었고, 오라클Oracle은 여전히 스타트업처럼 보였다.

아쉽게도 내가 정착한 미시간주는 소프트웨어 업계의 커리어를 쌓기에 불리한 지역이었다. 자동차 산업은 발전했으나 소프트웨어 산업은 그렇지 못했다. 나는 앤아버시에 있는 시분할time-sharing(여러 사람이 컴퓨터를 공유하여 사용하게 하는 운영체계—옮긴이) 시스템 기업 컴셰어Comshare로 이직했다. 당시 컴셰어는 데이터 분석과 온라인 분석 처리 기술의 전신에 해당하는, 의사결정 지원 시스템을 개발 중이었다. 컴셰어에서 내 직책은 프로덕트 매니저product manager였다.

20대 후반이었던 나는 능력을 입증할 기회를 얻고 싶은 마음이 굴뚝같았다. "아무리 골치 아픈 일이라도 맡겨만 주십시오. 얼마나 유능한 인재인지 보여줄 테니까!"라고 소리치고 싶었다. 하지만 기회는 오지 않았다. 당시 기업 분위기는 지금보다 고루하고, 위계적이고, 경직돼 있었다. 상사들은 유럽에서 온 지 얼마 안 되는 다혈질의 청년에게 큰 권한을 부여하는 모험을 꺼렸다. 프로덕트 매니저로서 제품관리 업무를 수행하려면, 각기 다른 권한을 지닌 여러 부서 직원들과 업무를 조율해야 했다. 나는 마치 모든 권한을 가지고 있는 듯이 움직였고 이 과정에서 때때로 동료나 상사들과 마찰을 빚었다.

그때부터 지금까지 나는 직원들이 주인의식을 가지고 일하게 하려 노력했다. 그것이 기업의 성공에 정말 중요하다고 봤기 때문이다. 하지만 컴셰어에선 그런 생각을 펼칠 수 없었고 좌절한 나는 충동적 선택을 했다. 대학 친구들이 네덜란드에서 창업한 스타트업으로 이직하기로 한 것이다.

바보 같은 선택이란 느낌이 곧바로 들었다. 지금 생각해보면, 철창에 갇힌 듯 너무 답답한 나머지 퇴사를 선택한 것이었다. 하지만 결과적으로 보면 유익한 선택이었다. 고국으로 돌아가 친구들과 합류하지는 않았지만, 컴셰어에 남았다면 가지 못했을 길로 접어들었기 때문이다.

컴퓨웨어

아직 컴셰어를 나오기 전, 미시간주 파밍턴힐스시에 있는 컴퓨웨어Compuware에서 입사 제안을 받았다. 당시 컴퓨웨어는 컴퓨터 업계에서 오픈 시스템open system이라고 불리는 시장으로 진출하고자 하는 한창 성장 중인 기업이었다. 오픈 시스템은 쉽게 얘기하자면 IBM의 메인프레임 컴퓨터나 DEC의 미니컴퓨터 이외의 플랫폼을 말한다. 나는 컴퓨웨어 첫 오픈 시스템의 프로덕트 매니저로 채용됐고, 출세 가도를 달렸다. 7년 만에 부사장 겸 총괄 부장으로 승진했다. 이 과정에서 나는 늘 더 큰 난제를 맡을 준비가 되어 있었다.

내가 컴퓨웨어의 미시간 본사에서 일한 기간은 18개월에 불과하다. 컴퓨웨어는 네덜란드의 멀티플랫폼 애플리케이션 소프트웨어 개발사 유니페이스Uniface를 인수했다. 얼마 지나지 않아, 유니페이스 특유의 문화와 부딪힌 컴퓨웨어는 네덜란드로 가서 갈등을 조율할 매니저가 필요해졌다. 그래서 나는 암스테르담으로 돌아가 혼란스러운 유니페이스 상황을 정리하는 직책에 지원했다. 동료들은 거기 가면 곧 자리가 사라져 낙동강 오리알 신세가 될 테니 가지 말라고 조언했다. 컴퓨웨어에 인수된 시점에 유니페이스 제품들은 모두 수명주기의 마지막 단계로 접어들고 있었기에 미래가 불투명했다.

하지만 지금까지 내 커리어는 다른 사람들이 외면하는 난제를 떠맡아가며 발전해왔다. 당시 내게 열린 길은 이뿐이었기에 얼마나 어렵고 위험천만한 길인지는 신경 쓰지 않았다. 청년들은 자기 능력을 과대평가하기 마련이다. 이때부터 나는 잘못된 엘리베이터를 탔을 때 어떤 고난을 겪는지 경험했다. 어쨌든, 천신만고 끝에 유니페이스 안정화에 성공했다. 유니페이스는 25년이 지난 오늘날까지도 영업 중이며, 30대 중반에 거둔 이 성공은 이후 내 커리어 형성에 지대한 영향을 미쳤다.

유니페이스로 가기 전 나는 수많은 업무용 제품의 고객을 상대한 경험도, 수백 명의 직원을 관리한 경험도 없었다. 유니페이스에서 쌓은 경험은 이후 내가 기업을 경영할 때 계속 중점을 둔, 인재관리에 눈을 뜨는 계기가 됐다. 나는 자신에게도, 직원에게도 많은 것을 요구했다. 좋은 직원들과 오래, 함께 가려면 진짜 리더십이 필요하다. 좋은 인재는 리더십이 있는 상사를 요구하기 마련이고, 당연히 그럴 자격이 있다.

원래는 3년 뒤 본사로 돌아갈 예정이었다. 그런데 또 다른 곳에서 문제가 터졌다. 이번엔 캘리포니아주 실리콘밸리였다. 컴퓨웨어는 실리콘밸리의 여러 스타트업을 인수해 에코시스템스 EcoSystems라는 단독 부서로 관리했다. 그런데 컴퓨웨어의 보수적인 기업문화가 실적보다 성장 가능성을 보고 상장되는 실리콘밸리의 벤처 문화와 충돌을 빚은 것이다.

닷컴버블이 한창이던 1997년 말, 나는 드디어 실리콘밸리에 입성했다. 에코시스템스 상황은 진퇴양난이었다. 컴퓨웨어 본사가 있는 미국 중서부의 전통적이고 보수적인 기업문화와 실리콘밸리의 급진적이고 기업가적인 문화 사이에 괴리가 있었기 때문이다.

에코시스템스의 제품 라인은 어떻게든 안정시켰지만, 좋은 인재를 놓치고 있었다. 실리콘밸리의 닷컴 기업들은 유능한 직원에게 고액 연봉과 스톡옵션 등의 조건을 제시했지만 컴퓨웨어는 그러지 않았던 탓이다. 유능한 직원은 승진, 고액 연봉, 주식 보상을 핼러윈 캔디처럼 뿌리는 기업으로 이직했다. 미치고 환장할 지경이었다. 신입사원을 아무리 뽑아도, 충원되는 속도보다 기존 직원이 퇴사하는 속도가 더 빨랐으니까.

그때 썼던 방법을 나는 지금까지 계속 쓰고 있다. 어떤 방법이

냐고? 경험은 없어도 소질 있는 신입사원을 뽑고, 평생 우리 회사에서 커리어를 쌓을 기회를 제시하는 것이다. 이는 신입사원에게 동기를 부여하고, 더 애사심을 갖고 의욕적으로 일하게 한다. 그래서 우리 회사에는 유능한 직원들이 자신에게 도움이 되는 커리어를 쌓기 위해 머무른다.

지금도 나는 경험보다 소질에 중점을 두고 직원을 채용하려 노력한다. 회사에는 경험 많은 직원만 필요한 게 아니다. 이력서에는 지원자의 경력이 적혀 있지만, 정작 그 사람의 소질을 평가하는 건 쉬운 일이 아니다. 입사 지원자의 갈망, 태도, 타고난 능력을 파악하라. 어쩌면 청년 시절의 나처럼, 이전 직장에서 쌓은 커리어에 만족하지 못하고 새 직장에 지원한 사람을 눈여겨보는 편이 낫다. 경력자는 아니어도 적성이 맞고 의욕 넘치는 신입사원을 투입하는 것이 기업의 성과를 높일 수 있다.

나는 이 방식으로 이전보다 낮은 임금에 우수하고, 충성심 높고, 동기부여가 잘된 인재를 뽑을 수 있었다. 물론 리스크가 있는 채용 방식이지만, 어떤 방식으로 채용해도 리스크는 있다. 훌륭한 경력을 보고 채용했지만 기대에 미치지 못하는 사례가 얼마나 많은지만 봐도 알 수 있다.

볼랜드

2000년도 중반에 컴퓨웨어를 나와 볼랜드Borland에 입사했다. 이곳에서는 영업과 조직관리를 제외한 대부분 업무를 관할하는 상품기획 부서 수석 부사장으로 근무했다. 볼랜드는 한때 열광적이진 않더라도 충성도가 높은 개발자들이 따르던 유명 브랜드였는데, 침체기에 빠지자 사명을 인프라이즈Inprise로 바꿨다. 우리는 사명을 볼랜드로 되돌리고, 브랜드와 사업을 회생하는 작업에 착수했다. 볼랜드는 썬마이크로시스템즈Sun Microsystems의 프로그래밍 언어인 자바Java 기반의 소프트웨어 개발 도구를 출시해 실적을 개선했다. 40대 중반에도 나는 여전히 문제아를 개과천선시키는 해결사로 일했다.

컴퓨웨어 본사가 있는 미국 중서부를 떠난 나는 실리콘밸리에서 인맥을 쌓기 시작했다. 실리콘밸리에서 일하면 수많은 사람을 만나게 된다. 리크루팅, 벤처캐피털 등 다양한 회사가 제품을 사거나 팔고 기업에 투자하거나 인재를 채용하려고 움직인다. 실리콘밸리라는 장소는 끊임없이 새로운 기업을 낳고 키우는 하나의 거대한 벌집처럼 느껴진다.

그러나 실리콘밸리에는 내가 컴퓨웨어에서 7년간 쌓은 경력과 업적을 인상적으로 평가하는 사람이 거의 없다는 사실을 곧 깨달았다. 실리콘밸리에 막 도착했을 때 벤처기업 중 가장 초기 단계인 영세 스타트업의 CEO직을 제안받았는데, 당시 업계 동료들은 될 수 있으면 더 나은 제안이 올 때까지 기다려보라고 했다. 2부 리그나 3부 리그로 갔다가 위로 올라가지 못하고 경력이 끝날 수도 있으니 가지 말라는 충고였다.

나는 더 나은 채용 계약을 맺으려 시도했으나 번번이 거절당했다. 영업 부서를 관리해본 경험이 없다는 이유에서였다. 그 말은 맞지만, 나는 (스스로 평가하기에) 무척이나 매출 지향적인 제품 관리자였다. 하지만 그런 평가 항목은 없었다. 나는 제품개발 부문에서만 일했기에 영업 부서로 넘어갈 수 없다는 평가를 받았다. 제품개발을 앞장서서 이끌며 영업 부서와 어깨를 맞대고 협업한 나로선 억울한 평가였다. 이때의 경험으로 내게는 인재를 앞에 두고도 알아보지 못하는 벤처캐피털리스트들에게 불편한 감정이 생겼다.

훗날 나는, 내가 해내지 못하리라고 평가한 이들이 틀렸음을 입증했다. 내가 CEO로 근무한 세 기업은 실리콘밸리 역사상 가장 급격한 성장세를 기록했다.

데이터도메인

2003년 봄, 데이터도메인 CEO로 취임했다. 데이터도메인은 아직 매출도 없고 고객도 없는, 갓 걸음마를 시작한 스타트업이었다. 내가 이곳 CEO가 된 이유는 투자자들에게 있었다. 그레이록Greylock의 아닐 부스리Aneel Bhusri와 NEA의 스콧 샌델Scott Sandell이라는, 일류 벤처캐피털의 일류 벤처캐피털리스트 둘이 데이터도메인에 투자한 상태였다. 그들은 나의 범상치 않은 경력을 보고, 내가 순순히 데이터도메인이 실패하게 내버려두지 않을 인물임을 간파했다. 데이터도메인의 창업자는 카이 리Kai Lee 프린스턴대학교 컴퓨터공학 교수로, 가을에 학교로 돌아가야 했기에 CEO가 필요해진 상태였다. 그리하여 2003년 7월, 나는 데이터도메인의 첫 번째이자 역사상 유일한 CEO가 됐다.

2003년 실리콘밸리는 닷컴버블 붕괴의 여파로 초토화된 황무지였다. 기업 채용이 감소하면서 인재 영입 경쟁이 줄어든 한편, 벤처캐피털 투자를 받기도 지극히 어려워졌다. 실리콘밸리에서 일하는 사람들은 무기력해지고 성장 속도가 느려졌다는 느낌을 받았다. 직원들은 스타트업을 위험한 직장으로 인식했다. 데이터 스토리지data storage 서비스를 구매하려는 기업 고객들은 리스크를 줄이기 위해 데이터도메인 같은 소기업보다는 EMC나 넷앱NetApp 같은 대기업을 찾았다. 실리콘밸리 전체가 닷컴버블의 숙취에 시달리는 듯했다. 데이터도메인의 앞날은 불투명했다. 미래를 예측할 길이 없었다. 우리는 기업용 데이터 스토리지 솔루션 시장에서 경쟁하는 수많은 스타트업 중 하나에 불과했다.

벤처캐피털리스트들은 우리가 어떤 기업들을 롤 모델로 삼아야 하는지 설교했다. 그중 일부 기업은 요즘 사람들이 기억하지 못할 정도로 몰락했다. 훗날 데이터도메인을 롤 모델로 삼아야 한다고 벤처캐피털리스트들에게 설교를 들었을 스타트업 CEO들에겐 미안한 얘기지만, 그들은 짜증을 불러일으키는 특유의 버릇들을 가지고 있다. 그중 하나가 성공한 기업의 사례를 근거로 우리 기업이 어떻게 해야 한다고 추천하고 제안하는 것이다. 모든 기업은 제각각 다르기에, 어떤 기업이 했다는 이유만으로 그 일을 해야 성공한다는 법은 없다.

데이터도메인의 초기 상황은 그리 밝지 못했다. 우리는 정교한 데이터 복사 기술을 내장한 백업 디스크 스토리지 제품을 출시했다. 이 제품은 데이터 저장 과정에서 중복 데이터를 즉시 제거하는 기술인 인라인 디듀플리케이션inline deduplication을 적용한 덕분에 데이터 저장 속도는 높이고 비용은 낮출 수 있었다. 우리의 아키텍처architecture(컴퓨터 시스템 전체 설계 기술-옮긴이)는 매우 우수했고, 이것이 경쟁사보다 우위를 점하게 해주는 차별화 요소가 됐다. 이후 스노우플레이크에서도 나는 아키텍처가 중요하다고 말했다. 내가 CEO로 경영한 세 기업에서 성공을 거둔 원동력은 모두 우수한 아키텍처였다.

하지만 데이터도메인이 최초로 개발한 DD200이라는 제품은 저장 용량이 작고 속도가 느리고 실용성이 없어 고객을 유치

할 수 없었다. 이 제품은 파일 시스템이나 데이터베이스 같은 대용량 파일을 백업할 수 없었다. 우리는 토론과 연구개발을 통해 대용량 파일을 신속히 저장하는 방법을 고안했지만, 설비 투자 자금을 확보할 수 있을지 불안했다. 당시 우리 목숨은 벤처캐피털에 달려 있었다. 스타트업을 계속 키워나가려면 마일스톤 milestone(투자를 유치하기 위해 달성해야 하는 단기적 사업 목표─옮긴이)을 잇달아 달성해야 했다.

CEO로 취임한 첫해에 마일스톤을 달성하고자 소수 인원으로 고군분투한 끝에 300만 달러의 매출을 올렸다. 제품의 저장 용량과 속도를 2배로 올린 덕분에 이듬해에는 매출이 1,500만 달러로 늘었다. 밀러 라이트 맥주 광고에 등장하는 '칼로리는 줄이고 맛은 더하고'라는 문구처럼, '더 크고 빠르게'란 말을 주문처럼 외우면서 제품을 개발했다. 이 대목에서 우리는 전혀 물러서지 않았다.

활로를 뚫은 우리는 기술개발 상황이 허용하는 한, 최대한 빠르게 사업을 확장해나갔다. 1,500만 달러였던 연매출액은 4,500만 달러, 1억 2,500만 달러, 2억 7,500만 달러로 급증했다. 회사 규모가 3개월 만에 2배가 됐다는 사실을 알게 된 이사들의 표정이 지금도 생생히 기억난다. 데이터도메인의 제품은 하드웨어 플랫폼이었는데도 마치 소프트웨어 제품이기나 한 듯 마진이 80퍼센트가 넘었다.

2007년 데이터도메인은 6년간 신규 상장이 뜸했던 나스닥 입성에 성공했다. 2009년에는 스토리지 시장의 두 라이벌인 EMC와 넷앱이 데이터도메인 인수전을 벌여 세상의 주목을 받았다. 그리고 결국 EMC가 데이터도메인을 인수했다(6년이 지난 2015년, 델테크놀로지스Dell Technologies가 EMC 인수를 발표함으로써 EMC는 델의 자회사가 됐다).

EMC의 공격적 영업으로 데이터도메인은 수십억 달러 규모의 사업부문으로 급성장했고, 지금도 성황리에 영업 중이다. 요즘도 데이터도메인 제품이 EMC의 제품 포트폴리오 중 가장 수익성이 높다고 한다. EMC의 최고경영자 조 투시Joe Tucci는 자신이 내린 기업인수 결정 중 최고가 VM웨어VMware고, 그다음이 데이터도메인이라고 밝혔다. EMC는 자사의 기업인수 역사상 최대금액인 24억 달러를 들여 데이터도메인을 인수했다.

데이터도메인은 벤처캐피털로부터 총 2,800만 달러를 투자받아 6년 뒤 주주들에게 24억 달러를 안겨줬다. 자본과 재능이 만나면 얼마나 마법 같은 일이 일어나는지, 자본주의와 경제학의 정수를 보여주는 예다. 오래전 네덜란드의 대학교에서 경제학을 전공하면서 배운 내용을 이제 명확히 이해하게 됐다.

과도기: EMC와 그레이록

나는 EMC의 전무이사이자 데이터도메인 사업부문 사장으로 18개월간 근무하기로 계약했다. EMC에서 일하고 싶어서가 아니라 24억 달러에 매각한 사업과 직원들을 보호해야 한다는 윤리적 의무감 때문이었다. 이는 결과적으로 필요한 선택이었음이 드러났다. 최고경영자가 나와 동료들에게 EMC의 모든 데이터 보호 제품을 담당해달라고 요청했다. 해당 제품군은 매출액이 점차 떨어지는 추세를 보였는데, 큰 조직에선 여기에 민첩히 대처하기가 어려웠기 때문이다. 50대로 접어들었음에도 나에겐 문제아를 개과천선시키는 임무가 유령처럼 계속 따라다녔다.

2009년, 데이터도메인을 EMC에 매각한 이유 중 상당 부분은 데이터도메인이 판매하지 않는 스토리지 제품을 EMC가 판매했기 때문이다. 두 회사가 합병하면 시너지 효과가 있으리라고 예상했다. 우리가 할 일은 이런 제품 카테고리를 수정하고 통합하는 것이었다. 그러면 유능한 EMC 영업조직과 유통조직이 나머지 일을 해낼 터였다. 내 예상을 맞아떨어졌다. 얼마 지나지 않아 해당 사업부문은 EMC의 매출과 이익 증가에 크게 기여했다. 그리고 나는 인수·합병 당시 EMC와 합의한 대로, 18개월 만에 퇴사했다.

수년간 벤처캐피털리스트들과 일하면서 벤처캐피털 일에도

손을 대보고 싶었다. 그래서 벤처캐피털 회사 그레이록의 파트너로 일하기도 했다. 주변 사람들은 내가 이곳에서 오래 일하지 못할 거라고 공공연히 말했다. 그 말은 맞았다. 나는 벤처캐피털 회사에서 일할 준비가 되어 있지 않았고, 적성에도 맞지 않았다. 그레이록은 훌륭한 회사였다. 다만, 대부분의 벤처캐피털 회사는 상명하복의 지휘 체계가 없이 파트너십으로 운영된다. 벤처캐피털 파트너들은 대등한 위치에서 협력하고 함께 의사결정을 내리는 동료 관계다. 이런 그레이록에서 나는 물 밖으로 나온 물고기 같은 기분이 들었다.

서비스나우

2011년, 급성장 중인 기술 기업 서비스나우에 CEO로 합류하는 조건을 놓고 협상을 시작했다. 샌디에이고에 자리한 서비스나우는 남부 캘리포니아 특유의 느긋한(직원들이 회사 일보다 사생활의 자유를 더 앞선 우선순위로 여기는) 분위기가 넘치는 기술 기업이다. 현재 사업 추세를 반영해 추정한 연간 매출액이 이미 7,500만 달러에 이르렀지만 성장이 정체되고 있었다. 경영 컨설턴트이자 작가인 제프리 무어Geoffrey Moore가 《캐즘 마케팅》에서 소개한 스타트업 용어로 말하자면 '캐즘chasm(스타트업이 초기 시장에서 대중적인 주류 시장으로 넘어가기 위해 뛰어넘어야 하는 깊은 정체기—옮긴이)'에 빠진 상태였다. 놀랍게도, 이 기업은 재무상태표상 5,000만 달러의 현금을 보유한 채 600~700만 달러의 자본만 사업에 투자하고 있었다.

내가 CEO로 취임하기 전 서비스나우는 창업자 프레드 루디Fred Luddy가 2004년부터 계속 CEO직을 수행했다. 그는 재무 안정성을 지나치게 중시한 나머지 투자에는 소극적이었다. 연구개발 부서 직원들을 만나서 들어보니, 창업자와 동료 임원들이 연구개발비 증액을 막아왔다고 한다. 재무제표상으로도 연구개발비가 매출액의 2퍼센트를 넘지 않았다. 당시 서비스나우 같은 초기 단계의 기술 기업이면 이 비율이 15배에서 20배 높은 것이 일반적이었다. 신임 CEO로서 나는 이 대목을 즉시 개선하기로 마음먹었다.

서비스나우가 추진 중이던 클라우드 플랫폼은 일종의 호스팅hosting(서버 컴퓨터의 일정 공간을 이용할 수 있도록 임대해주는 서비스—옮긴이) 사업이었다. 이미 GE, 존슨앤드존슨Johnson & Johnson, 도이체방크Deutsche Bank 같은 대기업들이 서비스나우의 서비스 출시를 기다리고 있었다. 나는 고객사의 최고정보관리책임자CIO들로부터 쇄도하는 전화를 받느라 정신을 못 차릴 지경이었다. 그들은 언제쯤에나 클라우드 서비스를 이용할 수 있는 거냐고 안달했고, 나도 조바심이 났다. 1년 반 동안 아침에 출근해 전화를 받거나 이메일을 열어보기가 겁이 났다. 처리해야 할 일이 많았을 뿐 아니라 처리할 방법도 몰랐기 때문이다. 우리 회사에는 클라우드 컴퓨팅cloud computing(소프트웨어를 언제든지 사용할 수 있게 인터넷상으로 제공하는 서비스—옮긴이) 플랫폼을 구축해본 사람이 전혀 없었다.

한편 우리는 계속해서 고객을 확보하고 가입자를 늘려나갔다. 컴퓨터공학적으로 용어를 엄밀히 정의하면, 우리는 클라우드 서비스 업체가 아니었다. 각각의 고객이 하드웨어와 소프트웨어에 할당된 공간을 구비하고, 우리는 인터넷에 연결만 해주는 호스팅 업체였을 뿐이다. 우리는 고객들이 컴퓨팅 리소스를 나누어 사용케 하는 멀티테넌시multi-tenancy 아키텍처를 구축하지 못했다. 그래서 결국 이런 시스템을 구축하기 위해 초창기 이베이eBay 개발자들과 협업하게 됐다. 지금 생각해보면 그들의 경험 역시 제한적이었지만, 어쨌거나 당시 우리보다는 훨씬 많이 알고 있었다.

당시 외부인들은(그리고 대다수 내부인도) 서비스나우가 얼마나 위험한 상황에 처했는지 몰랐다. 어느 금요일, 프리랜서 기술자가 800개 고객사의 시스템을 무심코 업그레이드한 탓에 고객사의 시스템에 고장을 일으키거나 지장을 줬다. 지금도 우리는 그날을 '검은 금요일'이라고 부른다. 우리가 어떻게 그 위기를 헤치고 살아남았는지 나는 아직도 잘 모르겠다. 그 일로 학을 뗀 우리는 그 프리랜서에게 다시는 일을 맡기지 않기로 했다.

일부 중역은 내게 서비스나우를 매각하자고 간청했다. 창업자 프레드 루디는 너트가 헐거워져 언제 바퀴가 떨어져 나갈지 모르는 상태로 가파른 비탈길을 내려가는 트럭 같은 상황이라고 표현했다. 중역들은 회사가 언제든 산산조각이 날 수 있다는 위기감을 느꼈다.

초기에 나는 프레드 루디와 사사건건 충돌했다. 그는 나와 동료들을 영입한 결정을 후회한다고 말하면서 나를 해고하고 자신이 CEO로 복귀하겠다고 이메일로 발표했다. 나는 그런 식으로 CEO를 교체할 순 없다고 설명했다.

"나를 해고하고 창업자를 CEO로 복귀시키는 안건을 이사회에 올려 표결 과정을 거쳐야 합니다. 이사회가 나를 해임할 때까지는 계획한 대로 일을 진행할 겁니다."

프레드는 분노를 가라앉혔다. 결국은 나를 지지했지만, 그러기까지는 시간이 걸렸다. 변화는 어려운 법이다.

서비스나우는 2년간의 고통스러운 과정을 거쳐 사업을 정상 궤도에 올렸다. 그 과정에서 회사의 성장세를 전혀 떨어뜨리지 않았다. 오히려 계속해서 불에 기름을 부었다. 우리는 무슨 기회가 됐든, 날리는 법이 없었다. 폭발적인 속도로 성장했고, 그와 동시에 서비스를 체계적으로 구축했다.

서비스나우는 더 현실적이고, 체계적이고, 분석적으로 문제를 대처하는 문화를 갖춰나갔다. 한 걸음씩 앞으로 나가고, 하나씩 차곡차곡 쌓아 올렸다. 이렇게 급성장하는 시기에 많은 직원을 채용했지만, 해고도 많이 했다.

이전에 데이터도메인을 경영할 때는 변화가 필요하다는 절박감으로 늘 쫓기는 심정이었다. 그렇게 시달린 끝에 결국 회사를 매각하는 선택을 했다. 데이터도메인은 핵심 사업인 데이터 백업과 데이터 복구를 제외하면 더는 매출을 늘릴 여지가 없었고, 다른 기업을 인수할 자본이 부족해 시장에서 점점 밀려날 처지였다. 반면, EMC는 기업인수에 나설 여력이 있었다. 이런 이유로 제품력은 뛰어나지만 자본과 시가총액이 작은 데이터도메인이 EMC 산하로 들어가게 된 것이다.

이후 나는 서비스나우가 데이터도메인과 같은 길로 접어들지 않게 하고자, 접근 가능한 전체 시장TAM, total addressable market을 뛰어넘어 매출액을 더 늘릴 방법을 집중적으로 연구했다. '자라보고 놀란 가슴 솥뚜껑 보고 놀란다'는 속담처럼, 한 번 당한 일을 또 당하고 싶지 않아서다. 이사회에 가서 CEO 면접을 치를때 IT 이외 분야에서 서비스나우 제품을 사용하는 고객들에 관한 얘기를 들었다. 서비스나우 임원들은 이 점에 별로 주목하지않았지만, 내게는 중요한 정보로 들렸다. 서비스나우 제품은 기업의 포괄적인 업무 흐름workflow을 관리하는 플랫폼으로서, 어떤서비스 영역에서도 사용할 수 있으리라고 생각됐기 때문이다. 나는 서비스나우의 시장을 더 키울 여지가 있음을 직감했다.

우리는 우선 눈앞에 닥친 운영상의 문제들을 해결하고 난 뒤에, 서비스나우를 헬프데스크만이 아니라 IT 관련 부서 모든 직원의 업무 흐름을 관리하는 기업으로 확장했다. 헬프데스크 직원, 시스템 관리자, 데이터베이스 관리자, 네트워크 엔지니어, 앱 개발자를 포함해 IT 관련 모든 직원이 문제를 해결하는 업무 흐름에 관여한다는 생각에서였다. 서비스나우는 데이터 시스템이자 전체 IT 부서 직원들이 업무에 활용하는 시스템으로 발전했다. 그리고 서비스나우를 최고정보관리책임자가 필수로 구매해야 하는 시스템으로 포지셔닝했다.

이런 포지셔닝은 서비스나우가 더 높은 직급의 고객사 관계자들에게 관심을 끌고, 더 많은 계약을 체결하고, 대기업들의 전략적 업무 흐름 관리 플랫폼으로 발돋움하는 계기가 됐다.

그때까지 IT 서비스 관리ITSM 소프트웨어 기업이었던 서비스나우는 이제 ITSM뿐 아니라 기업 운영 전반의 다양한 업무 흐름을 관리하는 플랫폼 기업으로 거듭나고자 6개 사업부문을 출범했다. 해당 팀들은 웹에서뿐만 아니라 모바일을 통한 업무 기능도 제공할 수 있도록 기존의 서비스나우 소프트웨어 플랫폼을 개선했다. 현재 서비스나우는 다양한 서비스 수요에 대응하는 독특한 제품군을 거느리고 있다. 원래 나는 그중 몇 개 제품만 개발될 것으로 예상했으나, 모든 팀이 먼저 신제품을 개발하기 위해 경쟁했다. 우리는 새로운 조직 모델에 따라 외부 조직에 크게 의존하지 않고 자율적으로 업무를 추진할 수 있도록 팀들에 권한을 부여했다. 그 결과 서비스나우는 세상에 뭔가를 보여주고 싶어 하는 날것의 열정을 지니게 됐으며, 아직 만족하지 못하는 임원들에게 이상적인 훈련소가 됐다. 그들이 리더로서 능력을 개발하도록 돕는 일은 나로서도 즐거웠다.

이런 일들을 거치면서 우리는 서비스나우 플랫폼을 통한 고객 지원 중 하나로 클라우드 서비스에 도전했다. 서비스나우 내부에선 이 도전을 지지하는 임직원이 많았다. 그들도 서비스나우 플랫폼을 그런 식으로 사용하고 있었기 때문이다. 처음에 나는 서비스나우가 해당 분야에 진출할 역량이 아직 부족하다고 생각했기에 도전을 보류했다. 클라우드 서비스에서 성공하려면 이전에 우리가 상대했던 이들과 매우 다른 구매센터buying center(B2B 제품 구매 프로세스에 참여하는 조직 내 이해관계자들—옮긴이)를 상대해야 했다. 우리는 그들을 알지 못했고, 그들도 우리를 알지 못했다. 클라우드 서비스 분야의 제품 수요는 기업 지향적이라기보단 소비자 지향적이었다. 여기서 성공하려면 더 높은 기준의 유저 인터페이스가 중요했다.

확신은 들지 않았지만, 결국 나는 클라우드 서비스 진출에 동의했다. 그리고 내 생각이 틀렸음이 밝혀졌다. 클라우드 서비스는 서비스나우의 새로운 수입원이 됐다. 훨훨 날아오르듯 사업이 순조롭게 풀렸다.

이 일을 통해 자신의 시각만이 옳다는 고집을 버리고 다른 이의 확신 어린 도전에 베팅해야 할 때도 있음을 배웠다.

우리의 포지셔닝은 이후에도 계속 성공을 거뒀다. 모든 서비스 업무의 흐름을 관리하는 플랫폼으로 서비스나우를 선택하는 대기업이 늘어났다. 고객사의 직원들은 문제, 이슈, 문의, 과제를 처리할 수 있는 직원과 부서를 찾기 위해 사무실들을 돌아다닐 필요 없이 하나의 시스템, 즉 서비스나우에만 접속하면 됐다. 서비스나우 플랫폼 기반의 글로벌 비즈니스 서비스 운영팀을 출범하는 대기업도 속속 등장했다. 서비스나우는 무한히 확장할 수 있는 서비스 업무 흐름 관리 플랫폼으로 진화했다. 나는 가끔 서비스나우를 이메일, 스마트폰 문자 등 비구조화된 메신저와 대비되는 '구조화된 메시징 플랫폼'이라고 표현했다. 여기서 '구조화'는 메시지나 작업 속에 데이터가 정의되어 있고, 업무 로직이 무한히 작동할 수 있다는 의미에서 선택한 단어다.

2012년에 서비스나우를 뉴욕 증시에 상장한다는 계획을 발표했을 때, 외부에선 부정적 시선이 많았다. 서비스나우는 IT 연구 및 자문 기업인 가트너 그룹Gartner Group을 통해 투자자들을 대상으로 투자설명회를 개최했다. 질의응답 시간이 되자 투자자들의 질문 공세가 이어졌는데, 서비스나우의 상장을 부정적으로 전망하던 투자자들도 결국 자신들이 틀렸음을 인정해야 했다. 이 책을 집필하는 현재 서비스나우의 시가총액은 1,000억 달러를 넘어섰으며, 여전히 증가 추세다.

번아웃과 잠깐의 은퇴 생활

당시엔 깨닫지 못했지만, 2017년 나는 탈진 상태였다. 포탄이 빗발치는 전선에서 다년간 고군분투한 나머지 완전히 기진맥진했다. 그래서 전 이베이 CEO 존 도나호John Donahoe에게 서비스나우 CEO직을 넘겼다. 서비스나우는 건실한 상태였고, 나는 3년간 CEO로 근무하면서 서비스나우를 절대 흔들리지 않을 성장 궤도에 올려놓았다고 믿었다. 2019년에는 전 SAP CEO 빌 맥더모트Bill McDermott가 존 도나호의 뒤를 이었고, 서비스나우는 지금도 높은 성장세를 지속하고 있다.

2017년 4월 은퇴 직후 몇 주는 홀가분했고 황홀한 행복마저 느꼈다. 월요일 아침에 출근하지 않아도 되고, 매 분기 실적발표를 앞두고 이마에 총구가 겨누어진 것 같은 압박감에 시달리지 않아도 되니 하늘을 날 것 같았다. 수십 년간의 강행군 끝에 드디어 여가를 마음껏 누리게 됐다.

나는 요트 경주 대회에 많은 시간과 열정을 쏟았다. 우리 팀은 '인비저블핸드호'라고 명명한 TP52 등급 요트를 타고 캘리포니아, 하와이, 멕시코에서 열린 요트 경주 대회에 참가했다. 이 중 가장 인상적인 경험은 2017년 트랜스팩 우승이다. 1906년부터 2년에 한 번씩 개최되는 유서 깊은 요트 경주 대회인 트랜스팩은 캘리포니아주 로스앤젤레스부터 하와이주 오아후섬까지 태평양을 횡단하는 고된 여정이다. 기업을 경영할 때와 마찬가지로, 나는 훌륭한 선원들을 모집하는 일에 몰두했다. 멋진 경주팀과 인비저블핸드호를 타고 태평양을 가로지르고 있노라니 짜릿한 기분이 들었다.

한편 나는 스타트업에 투자하는 벤처캐피털 회사에 합류했고, 몇몇 이사회의 멤버가 됐다. 하지만 내가 이사회 멤버로서 적합한 인물이 아님을 누구보다 나 자신이 잘 알고 있다. 일반적으로 이사회는 경영진에게 간섭하지 않는 고문 역할을 맡는데, 내겐 이런 역할이 맞지 않는다. 그레이록에서 경험했듯이, 내 적성은 경영자이지 투자자나 자문위원이 아니다.

내가 이사로 재직한 기업 중에는 퓨어스토리지Pure Storage도 있다. 서터힐벤처스Sutter Hill Ventures 마이크 스파이저Mike Speiser의 도움을 받아 상장에 성공한, 기업용 데이터 스토리지 전문 기업이다. 마이크 스파이저는 독특한 벤처캐피털리스트다. 그는 새로운 아이디어를 생각하고, 최고의 재능을 지닌 인재들을 모아 스타트업을 출범하고, 종종 해당 스타트업의 초대 CEO로 활동한다.

퓨어스토리지 사례와 마찬가지로, 마이크 스파이저는 2012년부터 스노우플레이의 성장을 도왔다. 우리는 가끔 의견이나 정보를 교환하기 위해 만났는데, 그중에는 스노우플레이크에 관한 최신 정보도 있었다.

이전에 마이크가 내게 스노우플레이크 이사회에 합류해달

라는 말을 꺼낸 적이 있는데, 그 후로는 별다른 얘기가 없었다. 이 시기의 나는 요트 경주 대회에 정신이 팔려 있었다. 그러던 2019년 3월 어느 날, 나와 점심을 먹던 마이크가 불쑥 말했다.

"얼마를 주면 스노우플레이크호의 키를 잡으실 겁니까?"

나는 어안이 벙벙해졌다.

"뭐라고요?"

아직 경영 일선에 복귀할 결심이 서지 않은 상태였다. 심지어 복귀 가능성을 진지하게 고려한 적도 없었다. 누군가가 질문할 때마다 농담처럼 가볍게 흘려 넘기곤 했다.

"절대 안 된다는 건 절대 없죠."

만약 다른 기업이었다면 응하지 않았을 것이다. 하지만 스노우플레이크는 특별했다. 스노우플레이크는 아마존 웹 서비스AWS, 마이크로소프트 애저Microsoft Azure, 구글 클라우드 플랫폼GCP이라는 3대 클라우드 컴퓨팅 플랫폼에 고객사가 저장해놓은 데이터를 한곳에서 활용케 하는 데이터 관리 플랫폼을 구축했다. 스노우플레이크 창업자들은 첨단 데이터베이스 기술에 정통한, 뼛속까지 기술자인 이들이었다. 그들은 데이터베이스 기술의 유산을 클라우드 서비스로 끌고 가지 않았다. 그러는 대신 데이터 관리 기술을 완전히 다시 상상하고 다시 발명했다. 말은 쉬울지 몰라도 실제 IT 업계에선 보기 드문 일이다.

다른 기업이었으면 내가 경영 일선에 복귀하지 않았을 테지만, 스노우플레이크 CEO직은 거절하기 힘든 제안이었다. 커리어를 더 쌓겠다는 야심보다 스포츠, 액션, 흥분, 팀워크 그리고 끝없는 자기계발에 대한 갈증이 나를 움직이는 동력이기 때문이다. 은퇴 후 삶에 불만은 없었지만, 내 성미에는 기업에 닥친 문제를 해결하는 삶이 더 만족스러웠다.

스노우플레이크

2019년 4월 26일, 스노우플레이크 CEO로서 의욕적으로 출근했다. 이 시점의 스노우플레이크에서 긍정적 측면은 데이터 관리 플랫폼 사업이 탄탄대로를 달리고 있었다는 점이다. 이런 성공의 비결은 우리 플랫폼이 데이터 관리의 핵심 프로세스들, 이를테면 복합적 쿼리query(데이터베이스에서 원하는 데이터를 가져오기 위한 요청—옮긴이)나 데이터 가져오기 등을 고객들이 자체 데이터센터를 운영하던 시절보다 한두 차원 더 빨리 처리한다는 것이었다. 우리는 이를 통해 더 큰 데이터 용량을 처리하고, 연산 처리 능력을 극적으로 향상시키고, 거의 무제한의 워크로드workload(일정 기간 내에 시스템이 실행해야 하는 작업량—옮긴이) 동시 처리를 가능케 하는 등 다방면에서 혁신을 일으켰다.

고객은 예산이 허용하는 한 얼마든지 많은 워크로드를 언제든 처리할 수 있었다. 고객의 워크로드에 더 많은 서버 자원을 제공해 워크로드가 훨씬 더 빨리 처리되게 할 수도 있었다. 그리고 스노우플레이크의 과금 방식은 종량제다. 사용한 전기량만큼 요금을 내듯, 고객은 스노우플레이크 플랫폼에서 자원을 원하는 만큼 소비하고 실제 소비한 양만큼 요금을 내면 된다.

한편, 부정적 측면도 있었다. 회사의 어마어마한 성장세 때문에 임직원들이 자아도취에 빠졌다는 점이다. 나는 마이크 스파이저가 리더십에 대한 우려를 드러내며 CEO를 교체하도록 이사회를 설득한 이유를 이해하게 됐다. 제품은 매우 훌륭했지만, 스노우플레이크의 실행력엔 점점 더 물음표가 찍혔다. 재무제표상 이 회사에는 많은 자본이 유입됐지만 자본을 규율 있게 집행하지 않았다. 극적인 변화가 없더라도 이 회사는 시장에서 100억 달러 정도의 가치를 충분히 인정받을 수 있었다. 하지만 1,000억 달러 이상의 시가총액을 목표로 하지 않을 이유가 있겠는가? 우리가 증폭에 성공하기만 한다면, 그 기회를 잡을 수 있을 터였다.

CEO 취임 직후 몇 주는 혼란의 연속이었다. 여러 부서의 리더들을 잇달아 해임했기 때문이다. 전임자는 12명 이상의 직속 부하직원으로부터 보고를 받았지만, 나는 이를 5~6명으로 줄일 계획이었다. 인사 교체가 이뤄지는 동안 내 결정을 비판하는 목소리가 나왔다. 비판자들은 모든 임원에게 CEO의 기대에 부응

할 능력이 있음을 입증할 기회를 줘야 공정하다고 말했다. 하지만 나는 그렇게 생각하지 않았다. 그보다는 이전에 다른 기업에서 나와 함께 근무하면서 능력을 입증한 중역들을 영입함으로써 불확실성과 의구심에서 벗어나고 싶었다. 온갖 문제가 산재한 기업의 CEO직을 맡았으면 간단한 문제들부터 최대한 신속하게 해결해야 한다. 그래야 어려운 문제들로 초점을 좁힐 수 있기 때문이다. 능력이 검증된 인사들을 영입하는 것은 당연한 선택이었다.

2006년 데이터도메인의 최고재무책임자CFO로 처음 채용한 마이크 스카펠리Mike Scarpelli가 한 예다. 나는 2011년 서비스나우 CEO로 출근하기도 전에 이사회에 마이크를 CFO로 채용해달라고 요청한 적이 있다. 2019년에도 마찬가지였다. 스노우플레이크 CEO직을 맡겠다고 마음먹기 전에 마이크에게 연락했다. 우리는 한 묶음이었다. 마이크가 함께 일하겠다고 하지 않았다면 아마 스노우플레이크 CEO 자리를 거절했을 것이다. 그 정도로 우리는 완벽한 콤비다. 내가 공격을 맡는 동안 그는 수비를 맡는다. 우리는 보통 대화를 길게 하지 않는데, 기준과 우선순위에 대한 시각이 일치하기 때문이다. 내 요청에 따라 스노우플레이크 이사회는 마이크에게 CFO직을 제안했다.

분명 스노우플레이크에는 이미 뛰어난 인재가 많이 있었다. 제품개발 부서와 마케팅 부서가 특히 그랬다. 핵심 부문인 판매

쪽에 몇 가지 문제가 있었는데, 나는 여기서 시간을 들여 조심조심 발걸음을 떼기로 했다. 이것은 외과수술처럼 조심성을 요구하는 작업이었다. 매출이 급증하는 추세의 와중에 무분별하게 개혁을 진행하다가 자칫 문제를 악화시키면 매출 증가세가 꺾일 위험이 있었다.

반면 경영지원부, 즉 재무팀, 인사팀, IT 관리팀, 법무팀 등 기업 운영을 지원하는 부서들은 상태가 심각했고 대대적 개혁이 필요했다. 또한 제품운영팀에선 여러 리더가 끼어들어 업무 우선순위를 놓고 충돌을 빚었다. 우리는 그들 중 일부를 해임하고 스노우플레이크 공동창업자 브느와 다쥬빌Benoit Dageville을 제품 운영 부문 부사장직에 앉혀 리더십을 통합했다. 그리고 유능한 엔지니어 그레그 차이콥스키Greg Czajkowski를 엔지니어링 부문 부사장으로 채용했다. 오래전부터 스노우플레이크에서 근무한 임직원들의 평가에 따르면, 그가 이끄는 엔지니어링팀은 과거 어느 때보다 훌륭히 업무를 수행 중이다.

나와 동료들이 합류하고 1년 반 정도 지난 2020년 9월 16일, 스노우플레이크는 뉴욕 증시에 상장됐다. 상장 첫날 시가총액이 700억 달러를 돌파함으로써 스노우플레이크는 소프트웨어 기업 중 역대 최대이자 IT 기업 중에서도 손에 꼽히는 IPO 기록을 세웠다. 모든 사람이 스노우플레이크에 부러움의 시선을 보냈다.

증폭하는 리더가 되라

젊은 시절과 비교할 때 지금 내가 가장 많이 달라진 부분은 진짜 문제가 무엇인지, 조직을 증폭하고 한계 없는 성장을 이루기 위해 해야만 하는 일이 무엇인지 훨씬 빨리 파악하게 됐다는 것이다. 과거의 나는 변화를 주저하며 상황이 지나가길 기다리곤 했다. 때로는 성과가 저조한 직원을 해고하거나 팔리지 않는 제품을 단종하는 대신 고쳐보려고 시도하기도 했다. 그런 모습은 훨씬 더 합리적이고 사려 깊은 리더로 보였지만, 옳은 것은 아니었다. 경험이 쌓여감에 따라 나는 그것이 모든 사람의 시간을 낭비하는 일일 뿐임을 깨달았다.

어떤 제품이나 직원이 부진한 성과를 낸다는 사실을 알게 됐다면, 구태여 기다릴 이유가 있는가? '안 좋은 예감이 들 때는 확실히 안 좋은 일이 생긴 것이니 서둘러야 한다'라는 말도 있지 않은가.

지금까지 설명한 것과 똑같은 일을 당신도 기업에서 해낼 수 있도록 지금부터 그 방법을 깊이 있게 설명하고자 한다. 이 내용을 이해하면 목적 지향적 고성과 기업을 만들어가는 여정에서 유지해야 할 것, 버려야 할 것, 고쳐야 할 것을 신속히 파악할 수 있다.

2부

기준을 높여라

AMP
IT UP

- *3장* •
목적 지향적 조직을 구축하라

목적 지향적 조직

내가 CEO직을 역임한 세 기업, 즉 데이터도메인, 서비스나우, 스노우플레이크의 경영 마인드셋을 가장 잘 표현하는 단어는 '목적 지향적'이다. 명확하고 강렬한 사명감은 우리의 잇따른 성공과 성장의 핵심 열쇠 중 하나였다. 명쾌한 목적의식은 내가 경영한 기업들의 전망과 잠재력을 맹렬하게 일으키는 추진력이 되었다. 목적 지향적 경영은 직원들에게 동기를 부여하고, 역량을 집중하게 하고, 때로는 광적이라고 할 만큼 의욕과 열정을 높였다.

사명감을 가지고 일하는 것은 지적인 경험일 뿐 아니라 '활력' 넘치는 경험이기도 하다. 잘 정의된 미션을 표방한 조직은 조직 구성원들의 뼛속까지 에너지가 스며든다. 아침에 출근할 때 에너지가 넘치고, 미션에 다가가는 자그마한 진전에도 만족감을 느끼며 퇴근한다. 사명감 속에 일하다 보면 X인자 X factor, 즉 직원들이 위대한 성과를 달성하기 위해 합심하게 하여 조직의 성과를 극적으로 높이는 무형의 요소가 활성화된다. 그러면 업무 생산성이 높아질 뿐 아니라 모두가 즐겁게 일하게 된다.

반대로 말하자면 매일 사소한 업무 목록을 건성으로 확인하고, 남에게 책임을 전가하고, 이메일을 읽고 답장을 보내고, 피곤한 상황에 처하고 싶지 않아 변명거리를 찾는 데 대부분의 업무 시간을 소모하지 않게 된다. '그럭저럭 굴러가는' 기업에서 근무하는 일상은 재미, 활력과는 거리가 멀다. 매일 직장에서 어떻게든 시간을 보내다가 퇴근하는 건 삶의 의지를 소진하는 일이다. 이런 삶을 사는 직원이 대다수인 기업은 심각한 위험에 처했다고 봐야 한다.

물론 '목적 지향적'이란 용어는 내가 만든 말이 아니다. 순진하게도 한때 나는 사명감을 가지고 목적 지향적으로 일하는 태도가 얼마나 중요한지는 너무도 분명하므로 모두 알 거라 생각했다. 기업이 존재 이유와 달성하려는 미션이 무엇인지 정확히 파악하고, 모든 임직원이 명확히 이해하도록 소통해야 함은 더 말할 필요도 없다. 누가 이를 반대하겠는가. 하지만 요즘에는 존재 이유를 헷갈리거나 모호하게 인식하는 기업이 많은 듯하다.

과거 기업들엔 일반적이었던 명확한 미션 인식이 지금은 예외적인 상황이 되어버렸다. 그 덕에 조직 구성원들이 기업의 미션을 명확히 인식하게 하는 리더는 경쟁우위를 확보할 수 있다.

그렇다면 훌륭한 기업 미션이란 무엇일까? 이를 판가름하는 세 가지 기준을 살펴보자.

훌륭한 미션은 야심 찬 비전이다

현재 스노우플레이크의 기업 미션은 클라우드 역사뿐 아니라 컴퓨터 역사를 통틀어 세계 최대의 데이터 · 애플리케이션 플랫폼을 구축함으로써 전 세계의 데이터를 고객들이 활용할 수 있게 하는 것이다. 이는 매우 야심만만한 비전이다! 이 분야에서 다른 기업들이 시도한 규모와 범위를 훨씬 뛰어넘어야 도달할 수 있는 목표다. 당연하게도, 우리는 이 목표를 쉽게 달성하지 못할 것이다. 세상이 우리가 그렇게 하도록 내버려 두지 않을 테니까. 하지만 우리가 하나의 집단으로서 더 결연한 의지로 더 명확한 초점을 유지하면, 그 위치에 도달할 확률이 높아진다. 결코 불가능한 일은 아니다.

데이터도메인의 기업 미션은 기업들이 데이터 백업과 복구 플랫폼으로 사용하는 테이프 저장장치를 속도가 훨씬 더 빠르고 효율적인 디스크와 네트워크로 대체하는 것이었다. 데이터도메인을 경영하던 시절에 우리가 입버릇처럼 되뇐 말은 "테이프는 버려라"였다. 테이프가 지배하는 기업용 데이터 산업 전체에 맞서 싸운 것이다. 터무니없이 야심 찬 비전이었지만, 우리는 결국 해냈다. 테이프 저장장치는 역사의 뒤안길로 사라졌으며, 디지털화되고 자동화된 데이터 백업·복구 프로세스가 업계 표준이 됐다. 시대의 흐름에 뒤처진 테이프 제조사를 제외하면, 이런 변화는 모든 이에게 이득을 줬다.

서비스나우의 기업 미션은 IT 서비스와 IT 운영 관리의 새로운 글로벌 스탠더드가 되는 것이었다. 이전 세대의 업무 지원 및 관리 제품들은 IT 부서 직원들에게 불편하다는 평가를 받았고, 우리는 이 점을 잘 알고 있었다. 이전 세대의 제품들은 기술적으로 다루기 힘들 뿐 아니라 융통성도 없었다. 그럼에도 IT 부서 직원들은 기존 시스템을 거의 교체하지 않았다. 교체하는 데 시간이 오래 걸리고, 막대한 비용이 들고, 리스크가 클뿐더러 교체해봤자 얻는 이득이 적었기 때문이다. 우리는 전 세계는 아닐지라도 최소한 미국의 모든 IT 부서 직원들의 작업을 수월하게 해주자는 거대한 목표를 설정했다. 지금은 대부분의 IT 부서 직원이 서비스나우 제품을 사용하며, 더 쉽고 효율적으로 업무를 해내고 있다.

미션이 명확해야 늪에 빠지지 않는다

기업 미션이 더 명쾌하게, 더 강렬하게 규정될수록 모든 임직원이 미션에 집중해 일하기가 쉬워진다. 명쾌한 미션을 가진 기업의 임직원들은 미션과 무관한 이슈에 한눈을 덜 판다. 훌륭한 미션은 조직 구성원들이 업무 집중을 방해하는 요소에 흔들리지 않게 해준다. 지금까지 내가 본 모든 기업에서 집중력 분산은 커다란 위협이었다. 집중을 방해하는 요소가 기업을 자멸로 이끄는 행동을 유발하기 때문이다.

관건은 계속해서 미션의 초점을 좁히는 것이다. 기업들은 시간이 흐를수록 초점이 흐려지는 경향이 있다. 기업 관리자들은 이메일, 슬랙Slack(클라우드 기반의 협업 앱―옮긴이), 소셜미디어 피드에서 마주치는 모든 제목에 한눈을 팔기 십상이다. 이처럼 업무의 목적과 상관없는 일에 관심을 쏟으며 시간을 허비하다가는 나중에 큰 문제에 부딪힌다. 업무 방해 요소는 매일 등장하기 마련인데, 그때마다 가차 없이 물리쳐야 한다.

전쟁사에는 잘 규정된 미션의 힘을 보여주는 사례가 많다. 제2차 세계대전 때 미국은 극히 명확한 미션을 가지고 있었다. 세계를 정복하려는 파시스트 독재자들을 막는다는 것이었다. 마찬가지로, 2011년 미국 해군 특전단 네이비실의 6팀은 테러리스트 오사마 빈 라덴 제거라는 담대한 미션을 수행하기 위해 미국에 적대적인 파키스탄 영토로 파견됐다. 목적이 명료했기에 현지 첩보원이 제공한 정보에 따라 사전에 잘 훈련된 상세 계획대로 임무 수행에 집중할 수 있었다. 그 결과 아군의 인명 피해 없이 목적을 달성했다.

하지만 미션을 명료하게 규정하기란 말처럼 쉽지 않다. 제2차 세계대전 이후 미국은 미션 성공의 조건을 제대로 정의하지 않은 탓에 모호한 전쟁의 수렁에 빠진 적이 여러 차례 있다. 가장 악명 높은 사례인 베트남 전쟁을 비롯해 이라크 전쟁, 아프가니스탄 전쟁이 그 예다. 2003년 5월 1일, 이라크 전쟁 초반의 승리를 보고받은 조지 부시 대통령이 항공모함 USS 에이브러햄 링컨호 갑판에서 '임무 완료'를 선언한 사실은 익히 알려져 있다. 그러나 비극적이게도, 이라크 전쟁은 이제 시작일 뿐이었다. 사담 후세인 제거는 이라크가 미국을 적대하지 않는 국가가 되도록 관리할 인물이 누구인가라는 풀리지 않는 숙제를 남겼을 뿐이다. 미국은 잘 설계된 명확한 미션 없이 이라크를 침공한 탓에 수조 달러의 비용을 써야 했을 뿐만 아니라 수십만의 인명 피해까지 초래했다.

더 최근 사례로는 코로나바이러스 유행 초기의 미국을 들 수 있다. 당시 미국에서 록다운lockdown(전면봉쇄)은 코로나 확산이 보건 체계를 붕괴시키는 사태를 막기 위한 단기 전략이라고 표현됐다. 하지만 실제로는 코로나 팬데믹을 통제하는 특별 대책으로 1년 이상 여러 주에서 시행됐다. 미국 정부의 팬데믹 대처는 명확한 미션 설정 없이 그때그때 임기응변식으로 이뤄지는 듯한 인상을 줬다.

조직이 표방하는 목적이 계속 바뀌거나 다시 정의되는 바람에 임무가 언제 끝날지 알 수 없게 되는 상황을 '미션 크립mission creep'이라고 한다. 우리는 미션 크립이라는 늪에 빠질 위험을 끊임없이 경계해야 한다.

훌륭한 미션은 돈이 목적이 아니다

분기 실적 전망치나 재무지표 기대치를 초과 달성하는 것이 기업의 목적이 아님을 모든 임직원이 명확히 인식하는 것이 중요하다. 투자자와 주주에게 사업 진척 상황을 보여주는 일을 등한시하거나 재무제표를 무시하라는 말이 아니다. 나 역시 재무적 목표들을 진지하게 생각한다. 하지만 이것은 절대로 우리의 미션이 아니다. 내가 경영한 모든 기업은 세상에 가치 있는 제품을 내놓고 고객과 직원의 삶의 질을 높이는 것을 진정한 목적으로 삼았다. 그리고 실제로 우리가 내놓은 혁신적 제품들이 업계 현실을 바꾸었다.

데이터도메인의 기업 미션은 컴퓨터 시대 초창기부터 백업 ·

복구 수단으로 테이프에 의존하던 IT 업계를 탈바꿈시키는 것이었다. 디스크와 네트워크에 기반을 둔 데이터도메인 플랫폼은 테이프보다 성공적인 데이터 복구를 보장했으며, 빠르고 경제적이었다. 테이프 기반 데이터 백업은 끔찍이 비효율적이었기에 이제 테이프를 쓰지 않는다고 해서 아쉬워하는 사람은 없었다. 테이프를 사용하던 시기에 데이터 백업이나 복구는 밤새 또는 주말을 꼬박 보내야 하는 작업이었다. 게다가 직업 과정이 안정적이지도 못했다. 종종 에러가 나고, 중간에 테이프 하나가 망가지면 재앙에 가까운 사태가 발생하기도 했다. 우리는 종종 테이프도 꽤 괜찮은 백업 수단이라는 농담을 던졌다. 데이터를 복구해야 할 일이 없다면 말이다.

서비스나우의 기업 미션은 초기에는 '고객의 IT 업무 자원 설계'였고, 나중에는 모든 서비스 업무에 통용되는 '글로벌 업무 흐름 관리 플랫폼 제공'이었다. 서비스나우는 전문 지식이 없는 사람도 쉽게 사용할 수 있고, 업무상 필요에 따라 쉽게 변형할 수 있는 제품이었기에 IT 부서 직원들에게 큰 인기를 끌었다. 자사 시스템에서 서비스나우 제품을 채택하는 고객사가 늘어남에 따라 우리는 성공을 거뒀다.

스노우플레이크의 기업 미션은 오라클, 마이크로소프트 등이 제공하는 일반적인 데이터베이스 관리 플랫폼이나 데이터 웨어하우스data warehouse(고객이 보유한 방대한 데이터를 분석하기 쉬운 형태로 저장해놓고 사용자가 빠르게 접근할 수 있게 하는 서비스—옮긴이) 플랫폼으로 수행하던 빅데이터 프로세싱 작업을 근본적으로 혁신하는 것이었다. 스노우플레이크의 신기술 덕분에 차원이 다른 작업 처리 속도를 경험한 고객사들은 깊은 인상을 받았다. 고객들은 클라우드 컴퓨팅의 진정한 위력을 마침내 경험하게 됐다.

우리는 곧바로 후속 제품을 개발했으며, 지금까지도 그 제품은 게임 체인저로서 시장에 영향을 미치고 있다. 바로 '데이터 클라우드Data Cloud'로, 이전에 본 적이 없는 이 야심 찬 클라우드 데이터 플랫폼은 IT 업계의 업무 처리 방식을 획기적으로 바꿔놓았다.

이 세 기업을 통해 나와 동료들은 수천억 달러의 시장가치를 창출했다. 앞서 언급했듯이, 2,800만 달러의 자본을 기반으로 성장한 데이터도메인은 2009년 EMC에 인수될 때 24억 달러의 가치를 인정받았다. 650만 달러의 초기 자본으로 출발한 서비스나우는 현재 시가총액이 1,000억 달러를 훌쩍 넘어섰다. 그리고 스노우플레이크는 IPO 당시 재무상태표상 50억 달러 정도의 자산을 보유했는데, 현재 시가총액은 750억 달러가 넘는다.

어떤 이들은 이렇게 창출한 가치의 대부분을 투자자와 중역들이 독차지한다고 비판할지도 모르나, 꼭 그렇게만 볼 사안이 아니다. 투자자와 중역들은 스타트업을 키우는 과정에서 막대한 리스크를 짊어지기에 상장에 성공했을 때 보상받을 자격이 있다. 그리고 상장 과정에 직원들도 대부분 적극적으로 참여한다. 신규주를 조금 청약한 직원들도 인생을 바꿀 만한 시세차익을 얻는다. 즉 집을 사고, 자녀를 교육시키고, 가족을 보살피고, 은퇴를 여유롭게 준비할 수 있다. 기업의 성패가 직원들의 미래에 지대한 영향을 미치기에, 내 마음 한구석에는 직원들을 위해서라도 기업을 성공시켜야 한다는 부담감이 늘 자리 잡고 있었다.

나는 가끔 전체 회의에서 기업을 성공시켜 모든 직원이 인생 목표를 달성하도록 도와야 한다는 도의적 책임을 느낀다고 말한다. 그러면서 직원들에게도 최선을 다해 일해달라고 요구한다. 각자 서로를 위해 최선을 다한다는 것이 우리 임직원들 간의 합의다. 처음에 직원들은 미심쩍어하는 눈으로 나를 쳐다봤다. '직원들의 운명을 긍정적으로 바꾸는 것이 목적이라고 말하는 CEO라니, 진심일까?' 하고 말이다. 진심이다. 그리고 내가 경영한 기업들은 그 점을 증명했다. 다른 회사로 이직한 직원들에게서 종종 이메일을 받는데, 우리 회사에서 일한 덕분에 인생의 궤도가 바뀌었다고 고마워하는 이들이 많다.

미션을 제대로 설정하는 방법

기업 미션을 제대로 설정하려면 그리고 모든 임직원이 미션을 받아들이고 실현하도록 이끌려면, 어떻게 해야 할까? 네 가지 핵심 관건을 충족해야 한다. 집중, 절박감, 실행, 전략이 그것이다.

직원들이 기업 미션에 '집중'하지 않는다면, 정말로 목적 지향적으로 일한다고 할 수 없다. 자원과 역량을 기업 미션에 집중하고, 직원들의 집중력을 분산시키는 일들을 피해야 한다. 그러려면 규율이 필요하다. 미션 수행을 방해하는 요소들은 도처에 있다. 게다가 그것들은 때때로 의도가 선하고, 명예롭고, 가치 있는 일처럼 보이기도 한다. 예를 들어, 최근 기업들은 이해관계자들의 이익도 고려해 기후변화와 사회적 불의 같은 사회문제를 해결하는 데 기여해야 한다는 말을 듣는다. 하지만 이런 외부적 목적으로 기업의 키를 한번 돌리면, 정작 정말로 집중해야 하는 기업 미션으로 다시 되돌리기는 쉽지 않다.

기업 미션은 '절박감'을 가지고 추구해야 한다. 영업직원들 사이에선 '시간은 계약의 적'이라는 말이 있다. 시간은 친구가 아니다. 리스크다. 시간을 끌다 보면 새로운 경쟁자가 나타날 수도 있다. 일을 더 신속히 처리할수록 그런 경쟁에서 벗어나 성공할 확률이 높아진다. 절박감은 절로 생기지 않더라도, 충분히 학습할 수 있는 마인드셋이다. 더 빨리 움직여야 한다는 감정 때문에 생기는 불편은 감내해야 한다. 업무의 단계를 밟아나가는 과정에서 리더가 속도를 내면, 조직문화에 활력이 더해져 모든 일이 가볍고 빠르고 쉬워 보인다. 팀 구성원 모두가 절박감을 느끼면,

집중을 분산하는 요소들에 발목 잡히지 않고 비슷한 속도로 일할 수 있다.

잘 조직되고, 잘 조율되고, 잘 지원된 업무 활동들을 통해 기업 미션을 '실행'해야 한다. 높은 기준을 유지하고 자원을 효율적으로 사용하면서 세계에서 제일가는 실행력을 발휘하지 않는다면 기업 미션을 달성할 가능성이 없다. 한 예로, 노르망디 상륙 작전에 성공한 영국군은 전쟁을 빨리 끝내고자 사상 최대의 공습 작전을 전개했다. 네덜란드 아른험시와 인근 강의 교량 4개를 확보해 기갑군단을 베를린으로 진격시킨다는, 일명 '마켓 가든 작전'이었다. 하지만 이 작전은 부실한 실행 탓에 실패하고 말았다. 심지어 노르망디 상륙 작전보다 많은 인명 피해를 냈다. 작전 실패의 원인으로는 부정확한 첩보 활동도 있으나, 10일도 되지 않는 기간 내에 미션을 실행하고자 한 점도 빼놓을 수 없다. 이렇게 규모가 크고 위험한 작전을 수행하기에는 너무 짧은 기간이었다.

마지막으로, 늘 미션 달성을 염두에 두고 '전략'을 고안해야 한다. 전략은 명백히 더 나은 실행 방법이 있거나 업무 진행상 어떤 문제가 생긴 경우가 아닌 이상 쉽게 바꿔선 안 된다. 경영진의 전략이 기업 미션의 목적과 정확히 맞아떨어진다는 사실을 모든 조직 구성원이 확신해야 한다. 제2차 세계대전 때 노르망디 상륙 작전이 성공한 이유 중 하나는 훌륭한 전략에 있다. 연합군은 해군과 공군을 동원해 5개 해안에 공격을 가했는데, 독일군은 그중 1개 해안만 엄중히 방비하고 있었다. 독일군은 불의의 기습을 당했고, 이는 연합군이 전략을 실행하고 미션을 달성할 절호의 기회가 됐다.

매일 미션을 위해 일하라

나는 업무 시간에 맞닥뜨리는 모든 일을 스노우플레이크의 미션이라는 렌즈를 통해 바라본다. 이 일이 데이터 클라우드의 속도를 높이는 데 도움이 될까? 미션에 한 걸음 더 가까이 가고 더 빨리 도달하기 위해 우리가 할 일이 또 뭐가 있을까? 미션을 달성할 때까지 나는 현재 상태에 절대 만족하지 않는다.

현재 상태에 만족하지 않고 더 해내야 한다는 고뇌를 늘 안고 살기란 쉽지 않다. 리더로서 승리를 자축하고 모든 직원의 등을 두들겨주는 편이 더 재밌다. 하지만 늘 경각심을 가지고 미션 달성을 향해 나아가야 결국에는 더 나은 결과를 얻게 된다. 승리의 영광에 도취해 멈춰서는 안 된다. 기업이 직면하는 경쟁이 날로 거세지고 있기에 집중력을 누그러뜨릴 시간이 없다.

단지 그럴듯하게 들린다는 이유로 목적 지향적인 경영을 표방하는 기업이 많다. 하지만 '성과 지향적 조직문화'라거나 '고객 중심적'이라거나 하는 기업 리더들의 상투적인 어구와 마찬가지로, 목적 지향적인 경영은 말하기는 쉬워도 실천하기는 어렵다. 다른 리더들이 하는 말을 듣지 말고, 그들이 하는 행동을 관찰해보라. 목적 지향적이라는 말은 리더의 신념일 뿐 아니라 리더가 매일 시간, 노력, 자원에 관한 결정을 내리는 방식이어야 한다. 리더가 가장 중요한 약속들을 수행하는 방식이지, 폼을 잡으려고 쓰는 말이 아니다. 그것은 모든 회의와 상호작용에서 선택을 내리는 방식이다. 기업 미션을 향해 날마다 꾸준히 노력해나가다 보면 분명히 보상을 받을 것이다.

스노우플레이크는 2020년 800명가량의 신입사원을 채용했고, 지금도 한계를 모르고 매서운 기세로 성장하고 있다. 새로 들어온 직원들은 이전에 몸담았던 곳의 문화대로 일하기 마련이다. 기업 미션에 덜 진지하게 접근하는 조직문화를 가진 기업에서 온 직원도 많다. 스노우플레이크는 이 대목에서 절대 타협하지 않는다. 우리는 모든 직원이 스노우플레이크의 미션에 맞게 업무를 수행해주길 기대한다. 스노우플레이크의 미션을 달성하느냐 못 하느냐는 전적으로 직원들에게 달려 있기 때문이다. 모든 직원이 언제나 합심하여 미션을 향해 나아가야 한다.

• 4장 •
경쟁자와 점진주의에 전쟁을 선포하라

경쟁자와의 전쟁

비즈니스는 전쟁이다.

과장이 아니다. 이미 영토가 있다면, 영토로 들어오는 모든 이와 싸워서 지켜내야 한다. 아직 영토가 없다면, 다른 이의 영토를 침략해 빼앗아야 한다. 공격과 수비 모두 필요하며, 어느 쪽이든 전쟁은 불가피하다. 기업들은 누군가에게서 돈을 빼앗아야 한다. 돈은 정부만 찍어낼 수 있지 않은가. 나는 남들만큼이나 모두가 이득을 보는 윈윈하는 거래를 좋아하지만, 일반적으로 비즈니스는 제로섬 게임에 가깝다.

리더로서 짊어져야 할 책임 중 하나는 이 점을 모든 직원이 명확히 인식하게 하는 것이다. 오늘날처럼 올바른 표현을 지향하는 사회에서는 전쟁이라는 은유에 거부감을 느끼는 이들도 있을 것이다. 하지만 인생은 이미 충분히 치열하고 아름답지만은 않다. 그러니 다른 기업들과 경쟁하는 현실을 더 솔직히 바라봐야 하지 않을까? 리더는 이익을 놓고 다투는 경쟁사들이 모든 것을 걸고 반격할 때 진짜로 게임이 시작된다는 사실을 직원들에게 가르쳐야 한다. 그들은 우호적인 경쟁자가 아니다. 싸우는 과정에서 최소한 코피는 터진다. 최악의 경우, 몇 달이나 몇 년 내에 우리가 속한 산업에서 여러 기업이 사라질 것이다.

　모든 직원이 이처럼 강렬한 경쟁의식을 가지지는 않는다. 특히 직원들을 리스크로부터 보호하려 드는 기업들에선 더더욱 그렇다. 산업 지형이 변화하면서 기업에 닥친 리스크를 리더가 제대로 설명하지 않으면, 직원들은 경쟁의 한파를 느끼지 못한다. 이런 직원들은 일자리를 계속 지킬 수 있으리라고 생각하지만, 환상일 뿐이다. 반면, 훌륭한 리더는 누구도 언제든 일자리를 잃을 수 있다는 점을 설명한다. 이 사실이 직원들을 불편하게 할지라도 어쩔 수 없다. 리더라면 불편한 진실을 털어놓는 일에 익숙해져야 한다. 그렇지 않으면 직원들이 현실을 부정하고 모르는 상황에 처하기 때문이다.

　데이터도메인 입장에서 EMC와의 경쟁은 기업에 언제나 난적인 공짜 제품과 경쟁하는 것과도 같았다. 데이터도메인은 제품이 하나뿐이었기에 유료로 판매한 반면, EMC는 데이터도메인과 경쟁하는 제품을 또 다른 제품과 묶어 팔았다. IT 업계에서는 이렇게 2개 이상의 제품을 하나의 패키지로 판매하는 방식을 '번들링bundling'이라고 부른다.

당시 우리는 "공짜 제품은 공짜가 아닙니다"라고 입버릇처럼 말하고 다녔다. 모든 제품에는 운영과 관리가 필요하기에 공짜 제품일지라도 이용하는 데 비용이 든다. 우리는 잠재적 소비자들에게 이렇게 물었다.

"업무 처리에 도움이 되지 못하는 공짜 제품을 쓴다면, 그게 정말 공짜일까요? 누군가에게 공짜로 받은 코끼리는 진짜 공짜 코끼리일까요? 코끼리를 먹이고, 재우고, 목욕시키는 데 막대한 비용이 들잖아요."

2014년, 서비스나우의 최대 라이벌인 BMC소프트웨어BMC Software가 지식재산권 침해로 우리를 고소했다. 제품의 질적 수준으로는 우리와 경쟁할 수 없었기에 다른 방식으로 타격을 입히고자 한 것이었다. 결국 2016년에 수억 달러의 합의금을 지불해야만 했다.

우리는 이 소송이 터무니없다고 봤지만, 진실은 중요치 않았다. 법정 다툼은 멋지게 빼입은 변호사가 배심원단을 얼마나 잘 속이느냐의 싸움이다. 법률 체계는 제품 경쟁력으로 승부할 수 없는 기업들에 악용되기 마련이다. 그들에게 비즈니스 전술의 합법성은 중요치 않다. 법정 싸움에서는 얼마나 상황을 노련하게 넘기고 이득을 취하느냐가 관건이다.

스노우플레이크가 속한 시장은 어떨까. 일반적으로는 아마존, 마이크로소프트 같은 클라우드 서비스 업체가 고객의 기술적 부채를 매수한다. 다시 말해 클라우드 서비스 업체는 고객의 재무적 의무를 없애고, 막대한 비용이 드는 소프트웨어 교체를 고객이 공짜로 할 수 있게 보조해주고, 모든 소프트웨어 제품을 패키지로 무상 제공한다. 고객 입장에서 클라우드 서비스를 이용하는 것은 예를 들어 기존의 주택담보대출을 더 낮은 금리의 대출 상품으로 갈아타는 것과 같은데, 사실 이보다 더 수익성이 좋다.

클라우드 서비스 업체들이 고객에게 이런 혜택을 제공하는 이유는 제품으로 경쟁하고 싶지 않아서다. 제품으로 경쟁하는 시장은 기울어진 운동장이 아니기에 신규 진입자가 생긴다. 그래서 불확실성이 커지면 기존 업체들은 자신들의 어마어마한 덩치를 이용해 경쟁사를 압살하려 한다.

우리는 상대적으로 작은 기업이므로 제품의 우수성과 고객사 내부의 옹호자, 즉 우리 제품이 업무에 더 적합하다고 판단해 우리 제품을 구매해야 한다고 주장하는 이들에게 의존할 수밖에 없다. 다른 기업과의 정치적 관계를 고려하면 우리 제품을 쓰지 않겠지만, 말단 IT 관리자들의 선호도가 너무도 강해서 우리 제품을 쓰는 대기업이 많았다. 여기서 정치적 관계란 과거부터 형성한 거래 이력에 뿌리를 둔 것으로, 일종의 교역수지를 고려하는 관계를 말한다. 즉, 한 클라우드 서비스 업체가 고객사의 제품을 대량으로 구매한다면, 고객사는 당연히 해당 업체의 서비스를 이용할 것이다. 클라우드 서비스 업체들은 고객을 확보하고자 거의 무제한으로 공세를 퍼붓는다. 우리에겐 다행스럽게도, 고객사의 중역들은 직원들이 특정 클라우드 서비스를 잘 선호하지 않는다면 그들에게 강요하길 꺼린다. 그들이 더 쓰기 편한 제품으로 업무를 보는 기업에 가버릴 수도 있기 때문이다.

경쟁사가 우리 고객에게 접근해 우리와 맺은 계약을 깔끔하게 해지해주고, 서비스 이동에 드는 비용을 지원하며, 소프트웨어를 번들로 제공하고, 워크로드 실행에 필요한 컴퓨팅 자원을 무료 제공하겠다고 제안하는 경우도 있다(공정거래위원회는 고객에게 요금을 과다 청구하는 기업에 불편한 심기를 드러내는 반면, 고객에게 제품을 무료로 제공하는 기업에는 그렇지 않다. 경쟁사를 시장에서 몰아내려고 그러는 것인데도 말이다). 이는 단순히 고객 하나를 빼 가기 위해서만이 아니라, 우리에게 공개적으로 망신을 주겠다는 의도도 있다. 우리의 핵심 고객사 한 곳을 그런 식으로 빼 가는 데 성공한 경쟁사는 그 사실을 동네방네 소문낼 것이다. 좋든 싫든, 이런 일도 시장에서 일어나는 경쟁의 일부분이다.

나는 가끔 영업 회의에서 직원들의 이해를 높이고자 다음과 같은 질문을 던진다.

"우리는 승리를 무엇이라고 정의해야 할까요?"

잠시 시간을 준 다음 이렇게 자답한다.

"《손자병법》에서 손자는 이렇게 간단히 답했습니다. '적의 싸울 의지를 꺾는 것'이 최상의 승리라고 말이죠."

이를 기업에 적용하면 어떨까? 경쟁사의 최고 인재를 우리 회사로 영입하는 것을 예로 생각해볼 수 있다. 더 유능한 인재가 경쟁사를 떠나 우리에게 합류할수록, 당연히 싸움에 유리해진다. 경쟁사 입장에서는 최고의 인재를 잃을 뿐 아니라 적의 힘이 강해지는 것이니 이중으로 타격을 입는다. 인재 유출이야말로 기업이 심각한 어려움에 처했고 싸울 힘을 잃고 있다는 명백한 증거다.

점진주의와의 전쟁

기업에서 흔히 볼 수 있는 인간의 성향 중 하나는 너무 조심성을 부리며 일을 점진적으로 풀어나가려는 성향이다. 과감하게 도약하기보다는 1센티미터씩 앞으로 나가는 편이 안전하다고 느껴지기 때문이다. 기존 성과를 토대로 조금씩 전진해 리스크를 회피하려는 점진주의적 태도를 보이는 직원들을 아마 당신도 한두 명은 알고 있을 것이다. 하지만 현재 상태를 조금만 개선하려는 것 역시 리스크가 적지 않은 태도다.

얼마나 많은 소비재가 '더 강력해진 신제품'이라고 홍보되는지 생각해보라. 이는 소비자가 전부터 애용해 익히 아는 제품인데 성능을 조금 개선했으니 어서 사라고 말하는, 점진주의 마케팅이다. 즉, "걱정하지 마세요. 당신이 좋아하는 요소는 아무것도 빼지 않았으니 실망하지 않으실 거예요"라고 말하는 것이다. 사람들은 모르는 제품이 주는 불확실성을 좋아하지 않는다. 그래서 익숙한 제품을 구매하고자 한다.

시리얼, 치약, 주방 세제 등 소비재 시장의 장수 브랜드들은 이런 성향을 이용하는 마케팅 전략을 취한다. 여러 가지 규제 정책 때문에 급격한 시장 변화가 잘 일어나지 않는 항공 업계에도 괜찮은 전략이다.

하지만 대다수 산업에서 점진주의는 배짱과 용기가 부족한 전략일 뿐이다. 점진주의 전략으로는 패할 확률이 낮을지 모르지만, 이기지도 못할 것이다. 특히 역사가 오래된 대기업들이 점진주의적 태도로 시장에 임하기 쉽다. 직원들의 머릿속에 리스크를 무릅써봤자 보상받지 못하고, 실패할 경우 혹독한 처벌을 받는다는 생각이 박혀 있기 때문이다.

이런 대기업 중 상당수는 제자리걸음만 계속하다가 결국 자멸에 이른다. 미국 경제 전문지 〈포춘〉이 50년 전에 발표한 500대 기업 중 오늘날까지 살아남은 기업이 거의 없는 이유가 바로 이

것이다. 기업은 살아 있는 유기체다. 과거의 우위를 유지하는 데 머물러선 도태될 수밖에 없다. 항상 스스로 혁신해야 한다.

현재 상태에서 점진적 전진을 추구하기보다는 도달하고 싶은 미래의 상태를 상상해보고, 그 상태에서 현재로 되감기를 해보라. 그 상태에 도달하려면 어떤 일을 해야 하는지 생각해보라. 이런 식으로 생각을 전환하는 훈련을 하면, 미래의 비전에 이끌리고 영감과 동기를 얻을 수 있다. 배가 지나온 흔적을 보며 조종했다가는 제대로 된 방향으로 나아갈 수 없다.

나는 점진주의가 어떻게 조직과 구성원들에게서 생명력을 앗아가는지 수없이 목격했다. 특히 사내 회의에서 현재 위치를 기준으로 목표를 설정하는 관리자들을 많이 봤다.

"우리는 2년 내에 고객을 30퍼센트 늘리고자 합니다."

안전하고 괜찮은 목표처럼 들린다. 하지만 왜 100퍼센트 늘리겠다고 말하지 않는가? 왜 1,000퍼센트는 안 되는가? 현재 1인 시장점유율을 고작 1.3으로 늘릴 계획인가? 만약 5나 10으로 늘리고자 한다면 어떤 것들이 필요한가?

나는 종종 CEO들에게 다음과 같이 성장 모델에 관한 질문들을 던진다.

- 모든 노력을 다한다면 귀사는 얼마나 빨리 성장할 수 있습니까?

- 귀사는 증폭을 시작한 후 어느 지점에서 증폭이 미미해질 수 있습니까? 그때가 언제입니까?

이런 질문을 해보면 자사의 성장 한계에 대해 생각해본 CEO가 별로 없음을 알게 된다. 성장성이 스타트업의 가치에 얼마나 본질적인 요소인지를 고려하면, 모든 경영진이 이런 질문들을 스스로 해봤으리라고 기대하는 것이 자연스럽다. 그러나 실제로 그렇게 하는 사람은 드물고, 대부분이 점진주의적 마인드셋으로 경영한다.

내가 경영한 기업들은 초고속 성장세를 기록했지만, 지금 되돌아보면 한계를 무너뜨리고 더 야심 찬 목표를 달성하기 위해 더 노력할 수 있지 않았을까 하는 아쉬움이 있다. 나는 과거에 연연하는 사람은 아니지만, 그런 아쉬움은 어쩔 수 없다. 리더들은 더 안전하고 달성 가능한 목표로 후퇴하기 쉬우며, 나 또한 예외가 아니기 때문이다.

미국 전 대통령 시어도어 루스벨트의 유명한 연설문인 '경기장의 투사The Man in the Arena' 한 대목을 보자.

빛나는 업적은 경기장에서 실제로 싸우는 사람의 공입니다. 먼지와 땀과 피를 뒤집어쓰고 맹렬하게 노력하는 사람, 노력에는 실수와 실패가 뒤따르기 마련임을 알기에 실패해도 또 도전하는 사람, 가치 있는 일을 이루고자 실제로 몸부림치는 사람, 가치 있는 목적을 위해 열정을 바치고 자신을 희생하는 사람 말입니다.

그런 희생의 끝에는 업적과 성공이 있을 수도 있고, 실패가 기다리고 있을 수도 있습니다. 실패를 하더라도 적어도 용감하게 싸우다가 실패해야 합니다. 승리도 패배도 모르는 차가운 겁쟁이들과 한자리에 서지 않기 위해서입니다.

왜 이베이는 아마존이 되지 못했을까? 왜 IBM은 마이크로소프트가 되지 못했을까? 왜 택시 회사들은 우버Uber를, 왜 힐튼Hilton이나 메리어트Marriott는 에어비앤비AirBnB를 생각하지 못했을까? 왜 오라클은 스노우플레이크와 같은 일을, 왜 BMC소프트웨어는 서비스나우와 같은 일을, 왜 테이프 기반 데이터 백업 기업들은 데이터도메인과 같은 일을 하지 않았을까? 왜 포드Ford는 테슬라Tesla와 같은 차를 발명하지 않았을까? 이 모든 질문의 답이 '점진주의'다.

기업이 한계를 무너뜨리고 가진 잠재력의 최대치까지 성장할 수 있게 직원들을 가르쳐라. 만약 그 최대치까지 가지 못한다면? 최소한 시도는 하지 않았는가! 이 정도면 꽤 괜찮다고 느껴지는 평범함에 안주하지 마라. 위임받은 조직의 모든 잠재력을 끌어내는 것을 목표로 삼아라.

큰 승리를 거두고 싶다면, 과거에 얽매이지 말고 지금과 완전히 달라진 미래의 모습을 상상하라. 이것이 바로, 모든 혁신이 누구도 예상하지 못한 기업에서 일어나는 이유다. 얽매일 과거가 없고, 잃을 것이 없고, 후퇴할 지점도 없는 기업들이 혁신을 일으킨다.

두 전쟁을 동시에 수행하는 방법:
대담한 목표를 사용해 경쟁자보다 앞서나가라

내가 경영한 기업들은 모두 과거와 결별하고 새롭게 출발했다. 데이터도메인은 디스크 백업 사업에서 '가상 테이프 라이브러리 virtual tape library' 기술로 경쟁하는 시대를 끝냈다(가상 테이프 라이브러리란 가상화 기술을 이용해 디스크를 마치 테이프처럼 인식해 데이터를 저장하는 시스템을 말한다). 우리가 테이프에서 디스크로 바꾼 이후에도 여전히 '테이프'가 데이터 관리의 단위였다. 오랫동안 고객들은 디스크에 데이터를 백업하는 동시에 테이프에도 백업해놓고, 테이프를 별도의 창고에 보관했다. 오래된 습관은 잘 사라지지 않는 법이고, 오래된 기술만 가진 기업들은 생존을 위해 변화의 조류에 저항하기 마련이다. 데이터도메인은 테이프에 데이터를 백업해놓는 관행을 네트워크 복제network replication(네트워크로 연결된 여러 저장장치에 동일한 데이터의 복사본을 두는 것—옮긴이)로 대체하고자 했다. 이는 점진주의적 목표가 아닌 한계를 넘는 거대한 목표다.

서비스나우의 경쟁사들은 오래된 기술에 기반을 둔, 전문적이고 경직된 시스템 제품을 판매했다. 기존 제품을 업그레이드하려면 소수만이 아는 깊은 전문 지식이 필요했기에 다른 제품으로 교체하기가 매우 어렵고, 비싸고, 리스크가 높았다. 서비스나우는 이 장벽을 뚫었다. 서비스나우 제품은 적당한 기술을 가진 IT 인력이면 관리하고 유지하고 즉시(18개월에 한 번이 아니라, 필요하다면 하루에도 여러 번) 교체할 수 있었다. 이 점 때문에 전 세계의 IT 부서 직원들이 우리 플랫폼을 애용했다. 우리는 이 플랫폼의 사용자 친화적이고 역동적이고 고차원적인 아키텍처를 다른 서비스 영역의 업무 처리에도 적용했고, 해당 업계 직원들의 열렬한 지지를 얻었다.

스노우플레이크는 처음부터 클라우드 컴퓨팅 기반 데이터 관리라는 대담한 목표를 추구했다. 창업자들은 전통적 데이터베이스 기술에 익숙했지만, 최대한 모든 것을 다시 생각해보고자 하는 성향이 강했다. 그들은 최신 기술에 만족하지 않고 오랫동안 숙제로 여겨진 기술적 문제들을 백지상태에서 다시 접근하여 해결책을 구상했다.

테라데이타Teradata, 네티자Netezza, 오라클, 마이크로소프트 같은 기존 데이터 관리 기업의 제품은 데이터 분석 과정에 필연적인 대규모 워크로드를 원활히 처리하지 못했다. 의사결정권자가 기업의 현황을 파악하고 무엇을 실행할지 판단하려면 꼭 필요한 과정인데도 말이다. 당시에도 공용 클라우드 제품은 있었지만, 기업들의 대규모 데이터를 원활하게 처리해주는 제품은 없었다. 바로 그때 스노우플레이크가 그런 제품을 고객들에게 제공한 것이다.

결과는 성공이었다. 스노우플레이크의 클라우드 제품은 데이터 처리 속도가 이례적으로 빠르고 사용 방법이 단순했기에 막대한 데이터 처리가 필요한 대기업 고객들과 기술 이해도가 낮은 소규모 사용자들을 모두 만족시켰다. 게다가 스노우플레이크는 고객이 유지 비용을 절약할 수 있도록 컴퓨팅 리소스나 스토리지, 네트워크 등을 고객사가 직접 관리할 수 있는 시스템도 개발했다. 기존의 아키텍처 기반 클라우드 제품을 서비스하던 경쟁사들은 고객이 훨씬 나은 결과를 얻게 해주는 스노우플레이크 같은 신규 진입자들과 경쟁하느라 진땀을 빼야 했다.

새로운 아이디어를 가진 새로운 도전자들이 없다면, 점진주의적 접근법으로 경영해도 괜찮을지 모른다. 하지만 자유 시장에선 언제나 극적인 변화를 일으킬 아이디어를 누군가는 구상하기 마련이다. 그런 일이 벌어지지 않길 기대하기보다는 직접 그런 아이디어를 실현하는 기업이 되는 편이 훨씬 낫다.

지금까지 소개한 사례들을 통해 얻을 수 있는 또 다른 교훈이 있다. 고객들에게 인기가 없는 제품만 만드는 약한 기업들이 대부분인 시장을 공략하는 편이, 인기 높은 제품을 만드는 강력한 기업들이 지배하는 시장에 진입해 선두 업체를 추격하는 것보다 훨씬 더 쉽다는 것이다. 고객들은 업무 처리가 원활히 이뤄지도록 도와주는 제품들을 쉽게 바꾸려 하지 않는다. 기존 제품에 불편을 느끼지 않는 고객들에게 선택받으려면 크게 차별화된 제품을 제시해야 한다. 그러지 않으면 '노이즈' 취급을 받으며 무시당한다.

기존 업체들은 변화한 상황을 진지하게 고민하는 대신, 서비스나우를 비웃었다. 사람들은 아무리 현실과 동떨어졌어도 안도감이 드는 내러티브narrative(직원이나 투자자를 설득하기 위한, 기업의 성장 가능성에 관한 이야기—옮긴이)를 믿고 싶어 한다. 그 때문에 시장 현실을 있는 그대로 인식하는 현명한 사람이 종종 무시당하는 것이다.

직원들을 전쟁으로 이끌어라

리더들은 조직의 분위기를 관리해야 한다. 모든 조직원이 업무에 집중하고, 같은 문제에 관해 이야기하고, 같은 위기의식과 예상을 공유하는지 확인하는 것이 리더의 임무다. 직원 수가 많은 대기업일수록 정렬이 흐트러지기 쉽다. 수많은 사람이 모여 일하다 보면 회사가 어떤 목표를 향해 가고 있는지 현실 감각을 잃는 경우가 종종 있다. 이는 직원들의 잘못이 아니다. 최고경영진이 대다수 직원을 실제 문제 해결 작업과 너무 동떨어진 상태로 방치했음을 보여주는 현상일 뿐이다.

스타트업들조차 성장하는 과정에서 이런 문제에 직면한다. 작고 미션에 집중하는 팀으로 출발하지만, 급기야 대다수 팀원이 시장 지형과 경쟁사들의 현황을 더는 이해하지 못하는 상태까지 간다. 오래지 않아 직원들을 새로운 자리로 이동시키는 조직 개편이 일어난다. 그래봐야 같은 사람들인데 뭐가 달라지겠는가.

나와 동료들은 그런 조직 개편을 '원숭이를 다른 나무로 보내는 것'이라고 표현했다. 직원들은 성장률 추정치에 근거해 12개월이나 24개월 뒤에 상황이 어떻게 변화할지 예상하는 대신, 현재 상황에 안주하는 태도로 근무하기 십상이다. 이는 기업에 커다란 리스크다. 리더는 모든 직원을 이런 근무 태도에서 벗어나게 해야 한다.

진짜 필요량에 비해 자원과 직원을 얼마나 보유하고 있는지 냉정히 평가해보라. 보통은 이미 보유하고 있는 직원만으로도 성과와 효율을 더 높일 여지가 있다. 가장 저항을 덜 받는 길, 즉 평범하고 쓸모없는 제품을 만들 뿐인 무계획적이고 점진적인 성장의 길을 선택하지 않는다면 말이다. 리더의 가장 큰 책임 중 하나는 직원들이 그런 점진주의적 태도로 일하지 않게 하는 것이다.

• 5장 •

전략보다는 실행

훌륭한 실행은 위대한 전략보다 강하다

기업 전략을 주제로 하는 기사와 책이 넘쳐나지만, 실행을 주제로 하는 기사와 책은 상대적으로 드물다. 나는 이 점이 놀랍다. 기업 현장에서 전략과 실행을 분리하는 건 쉬운 일이 아니기 때문이다. 기업이 고전하고 있을 때, 문제의 원인이 전략상의 결함에 있는지 실행상의 결함에 있는지 구분할 수 있을까? 아무리 뛰어난 전략이라도 제대로 실행하지 못하면 반드시 실패한다. 나는 존경하는 상사에게 이런 말을 들은 적이 있다.

"전략보다 실행이 더 중요하다."

그렇지만 대다수 사람은 실행보다는 전략에 관해 얘기하길 좋아한다. 아마도 전략을 더 고매하고 지적 흥미를 채워주는 주제로 보고, 실행은 지루하고 재미없는 주제, 다시 말해 손을 더럽히며 열심히 일하고 업무 리스트를 확인하는 차원의 문제로 보기 때문일 것이다. 특히 실리콘밸리에서는 전략에 관한 내러티브가 훨씬 더 주목받고, 폭넓게 논의되고, 자주 언급된다.

하지만 그런 사람들은 현실을 거꾸로 인식하는 셈이다. 전략을 잘 실행하는 방법을 알아야 비로소 숙달했다고 볼 수 있다. 그렇기에 리더는 실행을 우선순위의 맨 앞에 놓아야 한다. 팀원들이 능숙하게 실행하지 못하는 상태에서 조직의 전략을 걱정하는 것은 무의미하다. 실행은 어렵다. 따라서 훌륭한 실행 사례는 극히 드물다. 그렇기에 실행은 잘만 하면 경쟁우위를 얻을 수 있는 원천이다.

다른 업계도 마찬가지지만, 특히 IT 업계는 흥미로운 아이디어와 자본이 차고 넘친다. 우리에게 부족한 것은 그런 아이디어를 훌륭하게 실행하여 현실로 구현할 직원들이다. 오랫동안 여러 기업에서 인재 채용 과정에 참여하며 느낀 바는 실행을 훌륭하게 해낼 인재가 놀랍도록 부족하다는 사실이다. 실리콘밸리에는 엔지니어링 재능이 뛰어난 인재와 작은 팀으로 신제품을 출시하는 방법을 아는 인재가 풍부하다. 하지만 잘 규율되고 성숙한 조직을 키우고 운영할 수 있는 인재는 흔치 않다.

혁신자가 되는 방법을 가르치는 책이나 영상이나 강연은 무

수히 많지만, 실행을 잘하는 방법을 가르쳐주는 자료는 드물다. 설령 스타트업 창업자가 실행이라는 주제에 관심이 생겼다고 해도, 대체 어디 가서 배울 수 있을까. 성장하는 과정에서 조직이 제 역할을 하지 못하는 상황이 급격히 늘어나는 원인이 바로 이것이다. 다섯 살짜리 꼬마들이 각자 맡은 포지션도 없이 우르르 몰려다니며 축구를 하는 모습과 크게 다르지 않다.

실행은 배울 수 있는 역량이다

실행은 영업과 비교해서 설명하면 이해하기 쉬울 것이다. 둘 다 기업의 성공에 본질적인 요소다. 하지만 일반적으로 영업만이 신입사원에게 필요한 기술들을 훈련시키는 체계적인 프로세스를 가지고 있다.

예전에는 출세 지향적인 영업사원 유형의 인재들이 몇 주에서 몇 달에 걸쳐 신입사원에게 영업 기술을 상세히 가르치는 대기업에 입사해 사회생활을 시작하는 전통이 있었다. 신입사원들을 위한 무료 훈련 아카데미를 운영한 IBM과 제록스Xerox 같은 기업들이 영업직 커리어를 시작하기에 좋은 기업으로 유명했다.

스노우플레이크는 영업팀 직원들에게 명확한 경력 경로와 경력 개발 프로그램을 제공한다. 우리는 대학을 막 졸업한 신입사원들에게 회사를 방문한 고객을 맞이해서 고참 직원들에게 안내하는 업무를 맡긴다. 온종일 전화를 받고 낯선 사람과 대화하고 회의를 준비하는 것은 신입사원에게 고된 일이지만, 영업 기술을 익히기 위해 기반을 다지는 과정이다. 그다음 단계로는 비즈니스 개발 담당자로 승진하여, 소기업과 작은 기관들에 제품을 판매하는 업무를 맡는다. 이 중에서 재능 있는 직원들은 대기업들을 상대로 제품을 판매하는 업무를 맡는다. 이들은 계약이 성공할 경우 많은 보상을 받는 엘리트 영업사원들이다. 마지막 단계는 회계 담당자들이 주요 고객사 200곳을 관리하는, 이른바 VIP 고객 관리팀으로 승진하는 것이다.

이 과정의 목적은 경험 없는 신입사원을 해당 분야의 엘리트 전문가로 성장시키는 것이다. 이것이 우수하고 영리하고 야심만만한 인재들을 유치하는 스노우플레이크의 핵심 성장 전략이다. 스노우플레이크에서 신입사원이 처음 맡는 일은 단순 업무가 아니라 명확히 정의된 경력 경로의 첫 단계다.

하지만 실행이 중요한 부분을 차지하는, 일반적인 관리직에 지원하는 청년들을 체계적으로 훈련시키는 경로는 적다. 게다가 요즘에는 스타트업 창업자나 기업 CEO가 되길 갈망하는 청년들 대부분이 훈련을 받으며 기다리고자 하지 않는다. 직접 도전하고 현장에서 부딪치며 배워나가고 싶어 한다. 그들이 일을 제대로 해나가는 방법을 터득하기 전에 지나치게 큰 손실을 보지 않기를 바랄 뿐이다.

요즘 신입사원들 중에는 예전보다 젊은 나이에 높이 승진하여 최고경영진에 합류하는 이들이 적지 않다. 요새는 30대 초·중반 CEO도 드물지 않다. 나는 지금까지 여러 기업의 고문으로 청년 CEO들에게 조언한 적이 많다. 그들은 영리하고 야심만만하고 근면·성실하고 열정적이다. 하지만 대다수가 훌륭한 실행을 관찰할 기회나 유용하고 배울 것 많은 실수를 저지를 기회를 얻은 적이 없다. 내가 지금까지 경영 현장을 관찰하면서 얻은 교훈 중 하나는 '훌륭한 판단은 과거의 잘못된 판단을 딛고 나온다'는 것이다. 경험의 중요성이 지나치게 높이 평가되는 경우도 있긴 하지만, 경험을 대체할 만한 것은 찾기 어렵다.

신입 관리자들은 승진해나가면서 경험을 쌓고 그로부터 배워야 한다. 경험이 없는 관리자들을 고위 임원으로 승진시키면 혼란이 이어진다. 맹인이 맹인을 인도할 때와 같은 상황이 벌어진다. 경험 없는 관리자들이 이끄는 조직은 규모를 키우고 발전할 수 없다.

데이터도메인은 처음에 전자기기를 제조하고 판매하기로 했다. 하드웨어와 소프트웨어 솔루션을 완전히 결합한 셈이었다. 하지만 우리는 모두 하드웨어에 관해서는 잘 모르는 소프트웨어 인력이었다. 그래서 몇 년간 시행착오를 거친 끝에, 끝없이 불거지는 제품 신뢰성 문제에서 벗어나고자 위탁생산 방식을 채택했다.

내가 CEO로 취임할 무렵 서비스나우는 관리라는 측면에서 상당히 미숙한 조직이었다. 이에 대한 해결책으로 내가 아는 것은 상향식 문제 해결이 아닌 하향식 문제 해결 방식이었고, 우리는 그 방식대로 했다. 우리는 클라우드 인프라를 구축하고 관리하는 데 역량이 부족했던 탓에 심각한 제품 신뢰성 문제를 겪었다. 이 문제는 하향식으로 해결되어야 했고, 결국 성공했다.

스노우플레이크는 창업자들이 경영하던 시절부터 최고의 혁신 능력을 갖추고 있었지만, 규모를 키우고 발전하는 능력은 부족했다. 우리는 그런 일을 해내는 데 필요한 기술과 경험을 가진 이들을 경영진에 합류시킴으로써 문제를 해결했다. 기업에는 혁신과 규율이 둘 다 있어야 한다. 그렇지 않은 기업은 내부에서부터 무너진다. 혁신적 인재들이 회사에 규율도 제공해줄 것으로 기대하는 경영진이 많지만, 이는 잘못된 생각이다. 혁신과 규율은 함께 가는 경우가 없진 않지만, 상당히 드물다.

전략을 바로 세워라

여기저기서 과대 광고된 측면이 있으나, 기업에 전략은 분명 매우 중요하다. 모든 대안을 파악하고 어떤 대안이 더 타당한지 비교·분석한 끝에 선택을 내려야 한다. 임원급 리더십팀은 다양한 사안을 논의해야 하기에, 어떤 전략을 선택하는 데에는 많은 시간과 노력이 투여되기 마련이다.

조심해야 할 점은 전략 개발이 다른 기업들의 경험과 패턴을 단순히 반영하는 데 그쳐선 안 된다는 것이다. 광범위한 추론, 탐구, 토론 과정을 거치지 않은 채 섣불리 결론을 내리다간 파멸할 수 있다.

또한 지적 정직성을 유지할 필요가 있다. 당신은 현실을 있는 그대로 보고, 어떤 문제가 벌어지고 있는지 완전히 파악할 수 있는가? 인간은 급격한 변화가 필요치 않다고 자신을 설득하기 위해 문제 있는 상황을 합리화하는 경향이 강하다. 현실 직시는 우리에게 충격을 추고, 불안하고 불편한 기분을 불러올 수 있다. 이런 스트레스에 대처하기 위해 덜 비판적인 해석을 자신에게 들려주곤 한다. 그래서 집단사고(조직원들이 갈등을 피하고자 비판적 사고를 하지 않는 것—옮긴이)와 확증편향(자신의 가치관이나 판단 등에 부합하는 정보만 받아들이고 그 밖의 정보는 무시하는 것-옮긴이)이 흔하게 나타나며, 이로써 기업의 안녕이 심각히 위협받게 된다. 잔인할 정도로 솔직하게 문제를 직시하는 문화를 유지하도록 이끄는 것이 리더의 역할이다.

나는 이 현상을 우리와 경쟁하던 대기업들에서 거듭 목격했다. 대기업들은 보통 우리가 제기하는 위협을 정확히 평가하지 못해서 뒤늦게 대응에 나선다. 예를 들어, EMC는 데이터도메인을 시장에서 몰아내고자 여러 기업을 인수하고 우리 경쟁사들의 제품을 판매했다. 그러나 결국 양자택일 상황으로 몰리고 말았다. 하나는 데이터도메인을 인수하는 것, 다른 하나는 데이터도메인이 훨씬 더 강력한 기업에 인수되도록 내버려 둠으로써 더 크게 위협받는 것이었다. EMC는 전자를 선택했다. 데이터도메인의 중요성을 늦게 인식한 탓에 인수 자금으로 수십억 달러를 써야 했다. EMC 입장에선 다행히도, 너무 늦은 선택은 아니었다. 그저 큰 비용이 드는 결정이었을 뿐이다.

서비스나우의 주요 경쟁사였던 BMC소프트웨어의 CEO가 이렇게 말했다고 전해진다.

"서비스나우 제품쯤은 자바 프로그래머 한 사람을 데려다가 반나절이면 만들 수 있습니다."

CEO가 서비스나우의 인기를 직시하길 거부한 것은 BMC소프트웨어에 재앙으로 이어졌다. 강력한 적과의 경쟁은 원래 힘들다. 그런데 강력한 적의 위협을 인식하길 거부하면 경쟁이 아예 불가능해진다. 서비스나우는 이후 계속 성장해 서비스형 소프트웨어 매출액이 10억 달러를 넘어선 역사상 두 번째 기업이라는 기록을 세운 반면, BMC소프트웨어는 사모펀드에 매각됐다.

스노우플레이크의 경쟁사들도 마찬가지였다. 그들은 오랫동안 우리를 진지한 경쟁 상대가 아닌, 작고 우스운 스타트업으로 봤다. 그러나 스노우플레이크는 마이크로소프트, 아마존 같은 세계 최대 기업들이 주도하던 클라우드 데이터 산업을 선도하는 기업으로 성장했다. 경쟁사들은 그제야 스노우플레이크의 경쟁력을 알아채고 제품의 기능들을 모방하고자 급히 서둘렀다.

기업의 모든 전략을 주의 깊게 분석하고, 선호하는 전략에 이성적·감정적으로 얽매이지 않도록 조심하라. 과거에 잘못된 전략을 선택했고, 그것을 버려야 할 수도 있을 테니까. 기업가 스콧 맥닐리Scott McNealy가 말하지 않았던가. '빨리 실패하라'고. 더 빨리 실패할수록 더 나은 법이다.

나와 동료들은 제대로 작동하지 않을 전략을 언급할 때 가끔 이런 표현을 쓴다.

"그 개는 사냥개로 적합하지 않아."

우리가 특정 전략에 비이성적으로 집착하는 경향이 있었다면, 이렇게 농담을 하면서 쉽게 포기하진 못했으리라.

전략 vs. 실행

실리콘밸리에서는 스타트업들이 매출 기회와 성장 모멘텀을 최대한 활용하고자 안간힘을 쓴다. 매출이 부진한 스타트업에서 회의를 하면, 보통 판매책임자가 성과를 제대로 내지 못하니 교체해야 한다는 결론이 난다. 제품에 문제가 있을 가능성은 고려

하지 않고, 영업 실행만 문제 삼는 것이다.

현재 겪는 어려움이 전략상의 결함에 기인한 것인지, 실행상의 문제에 기인한 것인지 어떻게 구분할 수 있을까? 혹시 전략을 충동적으로 선택한 탓에 실행 과정에서 헤맬 수밖에 없는 건 아닐까? 내 경험을 바탕으로 판단할 때, 대부분의 판매 부진은 제품이 뛰어나지 않거나 제품과 목표 시장이 제대로 연결되지 못해서 발생한다. 강력한 제품이라면 평범한 영업팀이 판매해도 시장을 찾아내겠지만, 아무리 뛰어난 영업팀이라도 제품의 문제점들을 고치거나 보완할 수는 없다. 그리고 고객에게 홍보하는 제품의 특징이 고객의 마음을 끌지 못하는 상황일 때도 당연히 판매가 부진할 수밖에 없다.

기업의 한계점에는 영업사원들이 대처할 수 있는 것도 있고, 그럴 수 없는 것도 있다. 따라서 만약 경영자가 제품의 성공을 위해 다른 부서들에 세계 정상급 수준의 실행을 요구해야 한다면, 매우 곤란한 상황에 놓인 셈이다. 그런 수준의 실행이 가능한 인재는 드물기 때문이다.

견실하게 실행하지 않은 상황에서는 전략이 문제인지 아닌지 알 길이 없다. 먼저 전략을 제대로 실행한 다음에, 전략이 문제인지 아닌지 평가하는 단계로 넘어가라. 애초에 문제가 있는 전략은 잘 실행해도 효과가 없다. 그렇지만 우선 전략을 실행해봐야만 전략을 바꿔야 하는지 아닌지를 판단할 수 있다.

컨설턴트나 전략가를 고용할 필요는 없다

대기업의 중역들일수록 전략에 불안을 느끼고 컨설턴트를 고용해 전략의 유효성에 대한 분석을 듣고 싶어 한다. 맥킨지McKinsey나 베인Bain 같은 컨설팅사들이 돈을 버는 게 다 그 때문이다. 컨설턴트들을 고용해 기업 데이터를 정리하고, 시각 자료를 첨부한 상세 분석 보고서를 작성하고, 자신보다 유창하게 전략을 설명하게 할 수는 있다. 게다가 메이저 컨설팅사가 개발한 전략을 이사회에서 발표하면 권위가 더해질 것으로 생각하는 중역들도 있다. 컨설턴트들은 엘리트 교육을 받은 전문가들이니 그들이 개발한 전략이라면 믿을 만하겠다고 기대하면서 말이다.

하지만 그런 유혹에 저항해야 한다. 예전부터 이런 농담이 있었음을 기억하라.

"컨설턴트란 내 시계를 빌려 몇 시인지 말해주고 시계를 가져가는 사람이다."

컨설턴트들이 사용하는 그럴듯한 언어와 파워포인트 자료에 의존하지 않고 당신의 전략을 실행하는 편이 장기적으로 훨씬 낫다. 다른 사람이 아닌 당신 자신의 권위에 자신감을 키워라. 뛰어난 조직 운영자들은 자신의 전략을 가지고 있고, 그 전략대로 일하며 살아간다.

외부 컨설턴트에 대한 대안으로 대기업들은 (종종 부사장급으로 이뤄진) 전략실을 두는 경우가 흔하다. 기본적으로 그들은 운영상 책임이 없는 내부 컨설턴트다. 비싼 외부 컨설턴트에게 전략 개발을 맡기는 것보다는 비용이 적게 드는 대안이지만, 전략을 실행과 분리한다는 점에서 근본적인 약점을 여전히 안고 있는 방안이다. 지도를 그리는 사람과 그 지도를 보고 차를 운전하는 사람이 다르면, 그 사이에서 어긋남이 발생하기 마련이다. 그리고 사실 조직 운영자들은 남이 만든 전략에 대한 설교를 듣는 것을 썩 좋아하지 않는 이들이다.

또 다른 대안은 내가 지금까지 늘 채택해온 방안이다. 각 사업부문의 관리자가 해당 사업부문의 전략가를 겸하고, CEO가 최고전략책임자cso를 겸하는 방안이다. 나는 순수 전략가들보다 전략 부문 중역들을 신뢰한다. 중역들은 순수 전략가들보다 기업 현장의 실무를 더 잘 알기 때문이다. 중역들은 문제의 최전선에 서 있고, 결과에 책임을 지며, 자신의 선택에 따른 불이익을 감수해야 한다. 반면, (외부·내부의) 순수 전략가들은 문제가 터지면 자신이 세운 전략이 원인이라고 생각지 않기에 곧바로 전략 실행을 담당한 직원들을 탓한다. 중역이 자신이 담당하는 사업부문에 대한 전략을 수립할 능력이 있다는 점을 최고경영자가 신뢰하지 않는 기업이라면, 아무리 이름난 컨설턴트가 와도 문제를 해결할 수 없다.

실행을 개선해나가면 더 나은 전략가가 될 수 있다. 문제의 원인을 설명할 가짓수가 줄어들기에 문제가 덜 혼란스럽게 보인다. 문제가 명확하게 보이면 어림짐작을 줄이고 더 나은 결정을 내릴 수 있다.

요컨대 결론은 이렇다. 전략을 잘 실행하면 괜찮은 전략의 효과를 오래 지속할 수 있다. 전략을 잘 실행하지 않으면 아무리 뛰어난 전략일지라도 효과를 거두지 못한다. 따라서 증폭 경영 프로세스를 적용하고자 하는 기업에서는 실행이 왕이다.

3부
—

기업과 조직문화를
정렬하라

AMP
IT UP

6장

승객이 아닌 운전자를 고용하고, 승객은 하차시켜라

우리에게 필요한 건 운전자다

데이터도메인을 경영하던 시기에 나는 '우리에겐 승객이 아니라 운전자만이 필요하다'라는 사원 모집 원칙을 세웠다. 당시 폭스바겐 광고 문구에서 영감을 얻은 슬로건이다.

'인생이라는 도로에는 승객도 있고 운전자도 있습니다. 우리는 운전자를 원합니다.'

승객 유형의 직원들은 기업에 도움이 될 실마리도 제공하지 않고 거의 기여도 하지 않는 채, 기업의 모멘텀에 이끌려 다닌다. 심지어 그런 상황에조차 무신경하고, 경영진이 선택한 방향에 크게 관심을 두지 않는 것처럼 느껴지기도 한다. 그들은 대체로 유쾌한 모습을 보이고, 모든 사람과 무난하게 어울리고, 회의 시간에 늦지 않는 등 조직 내에서 문제를 일으키거나 튀지 않는다. 그 덕에 조직 내에 받아들여져서 다년간 머무른다.

이런 승객 유형의 직원들은 문제를 꽤 잘 진단하고 식별하는 모습을 보일 때가 종종 있으나, 문제를 해결하고자 나서지는 않는다. 그들은 무거운 짐을 들지 않는다. 무언가 실수를 저지를 리스크가 있는, 눈에 띄는 포지션을 맡길 회피한다. 특정 이슈가 불거지면 어느 편이든 분위기에 따라 우세한 편을 든다. 특히 대기업에는 눈에 띄지 않고 숨어 있을 만한 장소가 아주 많다.

승객 유형의 직원은 시간이 갈수록 조직문화와 성과에 위협을 가하는 사하중dead weight('멈춰 있을 때의 무게'라는 뜻으로, 예를 들어 화물을 제외한 화물선 자체의 무게를 가리킨다—옮긴이)이다. 그들은 의도하지는 않았겠지만 무심코 조직의 경쟁력을 깎아 먹고, 기업이 번창하는 데 필요한 동물적 본능과 정신력을 차츰 약화시킨다.

반면 운전자 유형의 직원들은 일을 회피하지 않고, 일을 성사시키는 데서 만족감을 얻는다. 그들은 프로젝트와 팀에 대한 주인의식이 강하며, 자신에게도 다른 사람에게도 높은 기준을 요구한다. 그들은 에너지, 절박감, 야망, 대범함을 풀풀 풍긴다. 난제에 직면했을 때 "그건 불가능한 일이야"라고 말하지 않고 "안될 게 뭐 있어"라고 한다.

운전자 유형의 직원들이 보유한 이런 자질들은 매우 가치가 높다. 그런 인재를 찾아내고 채용하고 보상하고 붙잡아두는 것이 관리자의 최우선 과제 중 하나다. 개인적으로나 공개적으로나 그들을 인정하고, 승진시키고, 다른 직원들이 본받아야 하는 모범 사례로 알려라. 그러면 무의미하게 시간을 보내는 직원들도 뭔가를 느낄 것이다.

책임의식이 강하고, 명확한 포지션을 고수하고, 전략에 대한 생각을 적극적으로 밝히고, 변화를 추구하는 직원을 높이 평가해줘라.

운전자와 승객을 어떻게 구분할까?

직원들이 두 유형 중 어디에 속하는지 분류하는 것은 까다로운 작업이다. 전적으로 승객 유형이거나 운전자 유형인 직원은 거의 없기 때문이다. 대다수 직원은 그 중간 어디쯤에 있다.

내가 전체 회의에서 "운전자 유형과 승객 유형의 직원들이 있는데 당신은 어떤 유형의 직원입니까?"라고 물을 때마다 일부 직원은 불편한 기색을 보인다. 아마도 객관적이고 솔직하게 이런 의문을 품어본 적이 없어서일 것이다. 어느 날 질의응답 시간에 한 엔지니어가 손을 들고 순진하게 물었다.

"제가 운전자인지 승객인지 어떻게 알 수 있나요?"

나는 내가 파악하기 전에, 자신이 운전자인지 승객인지 스스로 파악하는 편이 나을 것이라고 답했다. 참석자 몇 명이 웃었는데, 내가 전달하려던 메시지는 각자 스스로 질문을 던져 자명한 답변을 얻을 필요가 있다는 것이었다. 이 질문에 확실히 긍정적으로 답할 수 없는 직원은 아마도 승객 유형일 가능성이 크다.

이런 자문자답에는 또 다른 장점이 있다. 직원들은 거울 속 자기 모습을 보고 자신이 조직에 중요한 구성원인지, 조직에 크게 기여하고 있는지, 빠지면 조직에 상당한 손실이 생길지 자문자답하고, 그렇다는 생각이 들어야 한다. 이런 질문들에 솔직히 그렇다고 답할 수 있는 직원이라면, 자기 자리가 안전하다고 느끼고 자신의 가치를 확신하게 될 것이다. 그런 직원이라면 운전자 유형의 직원을 인정하고 보상하는 어떤 기업에서도 커리어를 쌓아나갈 수 있다.

자신이 회사에서 승객에 가깝다는 점을 깨달은 직원에겐 두 갈래 길이 있다. 하나는 기존 행동 패턴을 바꾸지 않은 채 계속 회사에 붙어 있는 것이다. 시장에서 사라질 때까지 몇십 년 동안 서서히 쇠퇴해가는 대기업 소속 직원이라면 이 길로 갈 수 있을지 모른다.

또 하나는 일자리를 잃는 것이다. 회사가 어려워지면 승객 유형의 직원부터 희망퇴직이나 정리해고 대상이 된다. 대규모 정리해고를 거친 기업들이 되살아나는 것은 드문 현상이 아닌데,

승객 유형의 직원들을 모두 덜어내 무게가 가벼워진 덕분이다.

대다수가 외면하지만, 더 나은 선택지가 하나 더 있다. 운전자 유형의 직원을 모방함으로써 자신의 기존 방식을 바꿔가는 것이다. 장기적으로 볼 때, 이것이 일자리를 지키는 유일한 길이다.

부적합한 직원은 버스에서 하차시켜라

2011년 서비스나우, 2019년 스노우플레이크에 합류한 시점에 나와 동료들은 문제가 도사리고 있으리란 점을 알고 있었다. 문제가 없었다면 이사회가 나를 CEO로 영입하지 않았을 테니 말이다. 이런 상황에서 가장 먼저 착수해야 하는 작업은 (승객 유형의 직원, 때론 그 외의 직원도 포함하여) 사하중과 인재를 구분하는 것이다. 그다음 단계는 짐 콜린스가 《좋은 기업을 넘어 위대한 기업으로》에서 설명했듯, 부적합한 직원들을 버스에서 내리게 하고 적합한 직원들을 태워 적합한 자리에 앉히는 것이다. 우리는 이런 순서대로 단계를 밟아나갔다.

새로운 기업이나 사업부문으로 들어가 일하는 것은 힘든 과정이다. 새로 취임한 임원이 무슨 일을 할지 모든 사람이 촉각을 곤두세우고 주시한다. 그러나 직원들의 초조감을 줄여주고자 직원 평가를 멈출 수는 없다. 시간이 지나다 보면 모든 직원의 진정한 가치가 드러나리란 희망을 품고 평가를 늦추려는 유혹에 굴복하지 마라. 리더라면 일을 진행시켜야지, 최선의 시나리오대로 일이 진행되리란 희망을 품고 마냥 기다려서는 안 된다. 리더는 제한되고 불완전한 정보를 가지고 직원들과 상황을 판단해야 한다. 시간이 지난다고 한들 정보가 더 생기진 않을 테니까. 나와 동료들은 스노우플레이크에 부임한 지 몇 개월 만에 모든 인사 조치를 마쳤다. 각각의 직원들을 샅샅이 알지는 못했지만, 어느 부서와 보직이 기대 이하의 성과를 내는지 파악하기는 어렵지 않았다.

부적합한 직원들을 빨리 버스에서 내리게 하지 않으면, 버스의 경로를 바꿀 가망이 없다. 리더들은 종종 순진하게도, 부적합한 팀원을 더 나은 팀원으로 성장하게 지도할 수 있으리라고 믿는다. 가끔은 그 일에 성공하기도 하지만, 그런 사례는 생각만큼 흔하지 않다. 문제를 겪는 기업에서는 리더가 빨리 변화를 일으켜야 한다. 이 일은 현재의 기업 미션을 달성하는 데 필요한 기술이 없는, 어쩌면 처음부터 그런 기술이 없었던 직원들을 교체해야만 해낼 수 있다.

신속한 인사 조치의 또 다른 장점은 리더가 높은 기준을 향해 진심으로 나서고 있다는 사실을 남은 직원들이 알게 된다는 것이다. 훌륭한 직원은 리더가 제시한 높은 기준을 충족하고자 더

분발할 것이다. 그렇지 못한 직원은 많은 걸 요구하지 않는 다른 직장을 찾아볼 것이다. 그것도 괜찮다. 나는 내 철학이 직원들에게 가혹하게 느껴지리란 점을 알고 있다. 하지만 더 가혹한 건 리더로서 위임받은 역할을 하지 않는 것이다. 조직에 필요한 변화를 일으킬 배짱이 없어 물러서는 리더는 모든 직원이 잠재력을 최대한 발휘하지 못하게 방해하는 것과 다름없다.

행동에 나서지 않는 리더는 곧 리더십을 의심받는 상황에 몰린다. 모든 사람이 리더가 무슨 일을 하는지 또는 무슨 일을 하지 않는지 지켜보기 때문이다.

방아쇠를 당겨라

내가 직원들을 관리하는 직무를 처음 시작한 시기에 미국에선 해고가 최후의 수단으로 간주됐다. 엄청나게 안 좋은 상황이 아니고선 해고가 일어나지 않았다. 당시 기업문화는 고루하고 가부장적이었다. 기업들은 모든 직원을 더 나은 성과를 내는 직원으로 지도할 수 있다는 가정을 바탕으로 했기에 직원을 잘 해고하지 않았다. 직원이 지도를 받은 뒤에도 여전히 성과를 내지 못할 경우에는 해당 직원보다 오히려 상사가 더 비난을 받았다. 그래서 상사들은 저성과 직원을 다른 부서로 옮기거나, 성과 향상

프로그램 같은 것에 참여케 함으로써 근본적인 문제 해결을 미뤘다.

해고를 꺼리는 성향은 지금도 여전히 여러 기업에서 발견된다. 특히 유럽이 그렇다. 유럽 몇몇 나라의 정부는 직원을 해고하는 기업의 실직보험료를 올림으로써 기업이 해고 비용 때문에 해고를 꺼리도록 유도한다.

이런 비용 압박은 관리자들이 변화를 일으키지 않을 동기가 된다. 하지만 행동에 나서지 않고 평범한 상태를 유지할 때 치러야 하는 비용은 해고 비용보다 훨씬 크다.

젊은 시절 나는 이런 상황에 직면할 때마다 겁을 먹었는데, 세월이 흐르고 경험이 쌓임에 따라 방아쇠를 너무 늦게 당겼다는 사실을 깨닫게 됐다. 그래서 업무에 부적합한 직원들을 서둘러 교체했다. 때로는 그렇게 심각하게 형편없는 직원이 아닐지라도 해고했다. 그 직원을 해고하고 더 뛰어난 직원을 고용할 수 있다면, 그렇게 하지 않을 이유가 없기 때문이다.

채용 컨설턴트 브래드 스마트Brad Smart는 핵심 보직자를 더 유능한 직원으로 교체하는 과정을 '탑그레이딩topgrading'이라고 표현한다. 심지어 나는 나보다 나은 CEO를 영입할 수 있으면 나를 교체하라고 이사회에 말한 적도 있다. 내가 직원들에게 적용하는 잣대를 나도 적용받아야 한다고 생각하기 때문이다. 나는 남들보다 낮은 성과기준에 따라 자리를 보존하길 바라지 않는다.

해고보다 어려운 채용

부적합한 직원을 버스에서 내리게 했는가? 이제 문제의 절반만 해결했을 뿐이다. 각 자리에 적합한 인재를 찾아서 채용해야 나머지 절반을 해결하는 것이다. 이는 해고보다 훨씬 더 어려운 작업이다. 서두를 수 있는 과정이 아니다. 직원을 잘못 교체하면 막대한 시간과 돈을 낭비하게 될뿐더러 기업의 평판도 깎인다.

리더는 잘 구축된 인맥, 인재 채용 능력, 인재를 식별하는 날카로운 안목을 가지고 있어야 한다. 직원 채용과 관련하여 어떤 자세가 바람직한지 내 생각을 적어보겠다.

리더는 직원 채용만 신경 쓰기 어렵다. 한 직책을 채울 인재를 모집하고, 채용하고, 채용 절차를 완료하면서 그 밖의 문제들도 신경 써야 한다. 그렇게 채용한 직원 중 일부가 부서를 옮기거나 회사를 떠나면, 채용 절차를 다시 시작해야 한다. 하지만 채용 절차에 투입하는 노력을 반복하기란 힘들다. 이 때문에 평범한 성과를 내는 직원들을 해고하지 않게 된다.

나는 주요 임원들과 함께 이동하거나 회의할 때, 특정 직원이 떠나면 어떻게 할지 묻는다. 이 질문을 받은 임원들은 종종 멍한 표정으로 나를 쳐다보거나, 인사과에 전화해 새로운 직원을 채용하게 하겠다고 답한다. 하지만 나는 모든 주요 직책에서 예비 후보 목록을 가지고 있길 원한다. 우리가 필요할 때 연락해서 입사 의사를 타진할 수 있는 인재들의 목록 말이다. 그러려면 우선 각 분야에 누가 있는지, 그가 업계에서 어떤 평가를 받는지, 그의 현재 지위가 어떤지 파악해야 한다. 물론 지위는 늘 변한다. 그렇기에 예비후보들을 계속 추적하고, 그들과 계속 연락하면서 관계를 유지해야 한다. 그래야 공석이 생겼을 때 그들을 부를 수 있다.

가끔 회사에 공석이 생기지 않았는데, 강력한 예비후보가 기존 직장에서 마음이 떠나 이직을 고려 중일 때가 있다. 이럴 땐 그 인재를 위한 자리가 날 때까지 기다려선 안 된다. 이것은 수동적인 자세다. 공석이 생기길 기다리다 보면, 그 시점에 이직 가능한 인재만 뽑을 수 있다. 이래서는 최선의 인재를 뽑지 못할 가능성이 꽤 크다. 그러므로 리더는 자신이 임명할 수 있는 핵심 직책에 대한 예비후보 목록을 만들고, 주기적으로 체크해야 한다. 직원들의 성과와 근무 상태를 논의할 때, 해당 직책에 부임할 가능성이 있는 예비후보들의 근황도 확인하는 것이다.

인재 채용 업무를 링크드인 같은 리크루팅 업체에 아웃소싱하지 마라. 그런 경로로는 리더가 진짜 원하는 인재일 확률이 낮은, 적극적 구직자만 만날 수 있다. 고성장 기업은 조직이 놀라운 속도로 확장되기 때문에 직원 부족에 시달리기 쉽다. 따라서 지금 당장 필요하지 않은 상황일지라도 미리 직원을 뽑아놔야 한다. 성장하는 기업에서는 직원 모집이 멈추지 않는다.

중요 보직자들을 평가하는 '조정 회의calibration session'를 개최하라. 중역과 팀장들이 자신이 직접 관리하는 팀원들에 대한 평가를 밝히고, 자신의 지휘 체계 밖에 있는 동료 그룹으로부터 피드백을 받는 자리다. 특정 직원에 대한 상사의 평가가 조직 전체적으로 인정되거나 반박되는지 검증함으로써, 직원에 대한 편파적 판단 가능성을 줄이고 통합된 의견을 도출하는 방법이다. 조정 회의에서는 특정 직원에 대한 임원들의 의견 불일치가 드러나기도 하고, 회사가 요구하는 정도에 비해 좋은 성과를 내거나 저조한 성과를 내는 직원을 식별하는 계기가 되기도 한다. 이 과정을 통해 기업에 어떤 인재가 부족한 상황인지 명확하게 파악하고 신속하게 대처할 수 있다.

궁극적으로 리더는 자신을 둘러싼 직원들만큼만 훌륭해질 수 있다. 해고와 채용에 능숙해지면, 위대한 성과와 성공적인 커리어를 쌓는 길을 순조롭게 걸어갈 수 있다.

AMP
IT UP

· 7장 ·

강력한 조직문화를 만들어라

문화는 당신의 생각보다 중요하다

'문화'만큼 다양한 의미로 쓰이는 단어가 또 있을까. 비즈니스 조직에서 문화란 무엇을 의미할까? 이 책에선 문화를 직장에서 가장 많이 그리고 가장 지속적으로 나타나는 행동, 신념, 규범, 가치의 패턴이라고 정의하겠다. 문화는 직원들이 어떻게 매일 하나의 집단으로 함께 일하는지 말해준다. 당신의 조직은 존중 받을 만하고, 유동적이고, 건설적이고, 구성원에게 많은 것을 요구하고, 절박하고, 창의적인 문화를 가지고 있는가? 아니면 시간을 질질 끌고, 공손하고, 일을 미루고, 위험을 회피하고, 대립을 일삼는 문화를 가지고 있는가?

모든 직장은 저마다의 문화를 형성하는데, 문화는 흔히 생각하는 것보다 더 중요하다. 있어도 그만 없어도 그만인 존재가 아니다. 강력한 조직문화는 조직의 성공에 크게 이바지하고, 경쟁에서 우위를 차지하기 위한 지속적 원천이 된다. 반면 취약한 조직문화는 조직을 내부에서부터 쉽게 붕괴시킨다.

무엇을 목적으로 리더가 문화의 방향을 이끌지가 중요하다. 진부한 얘기와 고상한 원칙은 집어치우자. 문화란 기업 미션을 수행하는 데 도움이 되어야 한다.

너무 빤한 소리인가? 그렇지 않다. 대부분의 기업은 각각의 직책에 있는 직원을 안심시키고 만족시키려 한다. 기업들은 직원들을 대상으로 하는 순추천지수NPS, net promoter score 설문조사에서 높은 점수를 받는 것을 목표로 삼는다. 그리고 경영진은 고결한 리더십 스타일을 인정받으려 한다. 의도는 괜찮을지 모르나, 문화는 기업 미션과 정렬되어야 한다. 한마디로, 문화와 미션이 한 방향을 향해야 한다.

고성장 기업은 일하기 쉬운 곳이 아니다. 끊임없는 압박을 견디며 일해야 하는 곳이다. 성과가 공격적으로 관리되며, 느슨함은 허용되지 않는다. 나는 입사하고 얼마 되지 않아 업무 강도와 속도에 적응하지 못해 이직하는 직원들을 많이 봐왔다. 문화란 직원들을 기분 좋게 하는 것이 목적이 아니다. 문화란 기업 미션을 달성하게 하는 구성원들의 행동과 가치를 일컫는 말이다. 강력하고, 효과적이고, 미션과 방향이 일치하는 문화가 모든 구성원의 기분을 좋게 할 확률은 희박하다.

기업에서 문화는 구성원들을 하나로 묶는 응집력으로 작용해야 한다. 따라서 기업 미션과 그것을 가능케 하는 문화를 지지해야 한다. 문화는 기업 미션을 지지하는 사람과 지지하지 않는 사람을 걸러낸다. 이는 괜찮다. 하나의 기업 미션이 모든 사람에게 맞을 수는 없으니까.

좋든 싫든, 당신의 기업에도 문화가 있다. 당신이 문화를 신경 쓰든 아니든, 문화에 영향을 미치려고 노력하든 아니든 간에 말이다. 당신이 채용하는 직원들은 종종 자기도 모르는 사이에 문화 요소들을 가지고 들어오고, 당신 기업의 문화에 영향을 미친다. 리더가 그런 영향을 통제하고, 문화를 바람직한 상태로 유도하는 것이 중요하다. 문화는 전력을 강하게 만드는 요인이 될 수 있지만, 좋은 의도를 가지고 있다고 해서 그런 일이 저절로 생기지는 않는다.

응집력과 일관성을 가진 문화가 조직 전체를 감싸도록 많은 노력을 기울이지 않는 기업은 서로 다른 가치 체계를 지닌 부서들과 지점들의 합금에 지나지 않게 된다. 이 경우 각 부서와 지점에서 가장 권한이 많은 이들이 하위집단의 분위기를 결정할 것이다. 그러면 마치 춘추전국시대처럼 각 부서나 지점이 다른 부서나 지점과 경쟁하는 데 시간을 소모하느라 외부와의 경쟁에는 힘을 기울이지 않게 된다. 약한 문화를 가진 기업에서 흔히 볼 수 있는 패턴이다.

문화는 잘 바뀌지 않기 때문에 문화를 개선하는 작업은 미루면 미룰수록 힘겨워진다. 리더로 부임하고 빨리 이 작업을 시작할수록 문화를 개선할 여지가 커질 것이다. 역사가 수십 년이 넘는 대기업에서 문화를 극적으로 바꾸기란 거의 불가능에 가깝다. 새로운 리더가 와서 문화를 바꾸려고 해도 실패로 끝나기 십상이다. 직원들이 오래전부터 익숙해진 패턴에 집착하기 때문이다.

다른 한편으로 생각해보면, 문화는 성과와 차별화를 이끄는 강력한 무기가 될 수 있다. 문화를 자사의 성공 비결로 지목하는 기업이 많은데, 이는 타당한 분석이다. 문화는 종종 다른 회사들이 복제할 수 없는 차별화 요소가 된다. 경쟁사들이 자본을 얻고, 인재를 빼 가고, 아이디어를 훔칠 순 있어도 문화를 복제하기란 거의 불가능하다.

일관성 있는 문화를 유지하는 열쇠는 무엇일까? 그저 고결한 원칙과 가치를 표방하는 것으론 안 된다. 위원회를 소집하고, 특정 가치에 동의하고, 포스터를 인쇄해 모든 사무실에 붙이면 문화가 '짠!' 하고 생기리라 기대하는 듯한 리더가 많다. 하지만 직원들은 포스터를 보고 배우지 않는다. 어린이나 반려동물과 마찬가지로, 직원들은 어떤 행위를 한 후에 따라오는 결과와 결핍을 통해 학습한다. 구성원들의 행동, 규범, 가치 체계를 더 일관성 있게 개선하고 싶은 리더라면 직원의 특정 행동에 일관되고 명확히 규정된 결과가 따르도록 매일 신경 써야 한다.

리더가 이 일을 제대로 하면, 직원들이 문화를 보호하려 하고 동료의 일탈을 막을 것이다. 이것은 조직 전체에 일관된 문화가 숨 쉬고 있다는 신호다.

데이터도메인의 조직문화

2003년 내가 CEO로 부임했을 때 데이터도메인의 이점은 직원이 20여 명에 불과하다는 사실에 있었다. 작은 스타트업의 문화를 바꾸기는 훨씬 쉽다. 대규모 채용으로 외부에서 가치와 행태가 유입돼 문화로 자리 잡기 전이기 때문이다. 작은 스타트업에서는 모든 것이 아직 덜 형성되고 잠정적이기에 많은 프로세스를 신속히 진행할 수 있다. 어떤 면에서는 빈 캔버스에 그림을 그리는 것과 같다.

나와 동료들이 경영진에 합류했을 때 데이터도메인은 문화라는 측면에서 깨끗했다. 즉, 직원들의 행태에서 과잉이 거의 없었다. 우리는 강력한 목적의식을 공유했고, 우리의 노력과 행동은 기업 미션을 향해 일관되게 정렬됐다.

우리는 부르기 쉽고 기억하기 쉽게 우리가 추구하는 가치를

'RECIPE(레시피)'라는 두문자로 표현했다.

R(Respect): 존중

E(Excellence): 탁월성

C(Customer): 고객

I(Integrity): 진정성

P(Performance): 성과

E(Execution): 실행

존중

상식처럼 들리지만, 조직에서 일반적으로 구현되지 않는 가치다. 존중이란 단순히 개인 간의 상호작용에서 예의 바르게 행동하는 것만을 의미하지 않는다. 더 넓은 의미의 존중은 사람들과 언제나 진심 어린 관계를 형성하는 것을 뜻한다. 다른 사람에게 더 관심을 가지고, 잘 호응하고, 될 수 있으면 도움을 줘라. 다른 부서의 직원이 연락해올 때 친절히 응해라. 동료가 보낸 이메일을 며칠이나 몇 주 동안 무시하지 마라. 존중이란 성별, 인종, 민족에 따른 차별이나 괴롭힘에 대한 경계도 포함하는 개념이다. 우리 회사에서 그런 차별이나 괴롭힘이 일어난 적은 거의 없지만, 일어났을 경우에는 즉시 단호하게 대처했다.

탁월성

스포트라이트를 받는 엔지니어와 영업사원뿐 아니라 모든 직원이 모든 일을 훌륭하게 처리하기 위해 노력할 때 구현되는 가치다. 우리는 인사과 직원이나 회계원에게도 탁월성을 갖추기를 요구했다. 이는 쉬운 일이 아니다. 매일 탁월성이라는 가치를 추구하며 일해야 하기 때문이다. 이 단어를 끼워 넣어 입에 발린 말을 하는 건 일도 아니지만, 모든 직원이 평범한 수준에 안주하지 않고 높은 기준의 성과를 내기 위해 서로 돕는 건 생각보다 무척 어렵다.

고객

모든 일의 중심이 되는 가치다. 많은 기업이 이 점을 안다. 아니, 안다고 생각한다. 얼마나 많은 기업이 입으로만 떠들어대는지 알면 깜짝 놀랄 것이다. 고객이라는 가치가 정말로 중요한 시기에 기업들이 고객 중심으로 행동하지 않는 경우가 종종 있다. 나는 언제나 다음과 같이 고객을 강조해왔다.

"우리는 한 사람의 고객도 저버리지 않는다. 우리는 좋을 때나 나쁠 때나 고객을 돕는다. 고객의 결과가 우리의 결과라고 생각하며 일하라."

나는 직원들에게 고객의 이익을 위해 적극적으로 행동할 권한을 위임받았다는 생각으로 일하라고 강조했다. 전략적으로 중

요한 주요 고객뿐 아니라 모든 고객을 그렇게 대해야 한다. 예외
는 없다.

나는 직원들을 최우선 가치로 생각하는 기업들에서 일한 적
도 있다. 그곳에서는 직원들을 잘 대우하면, 직원들이 고객에게
최선을 다할 것으로 믿었다. 왜 그렇게 멀리 돌아가는가? 우리는
고객이 없으면 존재할 이유가 없다.

진정성

진정성은 모든 이해관계자가 우리의 모든 말을 믿고, 우리의 모
든 헌신을 신뢰하는 상태를 의미한다. 그러려면 우리의 말을 진
실로 실천하기 위해 노력해야 한다. 경영진의 말을 진실로 실천
하지 않는 기업은 내리막길로 들어선다. 진정성이 흐려지면, 가
장 먼저 신뢰가 깨진다. 그리고 부정적인 결과들이 연달아 찾아
온다. 모든 이해관계자가 이전에 모든 국면에서 기업이 진심 어
린 모습을 보였기에 이번에도 기업이 진실을 말한다고 믿을 때,
문제가 훨씬 쉽게 풀린다.

성과

모든 사람이 성과를 갈망한다고 주장하지만, 실제로 갈망하는
사람은 거의 없다. 특정 직원들과 부서들이 책임지고 최선의 결
과를 향해 끊임없이 노력하도록 만들기가 힘들기 때문이다. 부

정적 감정이 아니라 데이터와 팩트에 기반을 두고 성과 부족을 분석하는 과정은 재미없는 일이지만 조직 내의 모든 구성원이 해야 하는 일이다. 책임지고 일한다는 건 여간 불편한 게 아니다. 자신이 충분히 잘하고 있지 않다는 불안감을 느낄 뿐 아니라 다른 조직원에게 충분히 잘하고 있지 않다고 말해야 하는 불편함을 안고 살아야 하기 때문이다. 하지만 위대한 기업을 목표로 하는 리더라면 조직원들이 평범한 상태에 머물도록 허용해선 안 된다.

실행

전략보다 실행에 더 초점을 맞추어 일해야 한다는 점을 강조하고자 두문자에 집어넣은 가치다. 이전 장에서 언급했듯, 실리콘 밸리에서는 늘 전략을 논의할 뿐 일반적으로 실행은 과소평가한다. 실행에 문제가 있는 경우 전략을 다시 고려해야 하는 이유로 간주할 뿐이다. 반면, 우리는 제대로 실행하는 방법을 모르면 전략이 어느 정도로 훌륭한지 알 수 없다고 직원들에게 가르쳤다. 데이터도메인에서 우리는 다수의 경쟁사가 전략을 비판하고, 아무 이유 없이 계획을 수정하는 모습을 목격했다. 그렇게 하지 않은 덕분에 경쟁사들을 추월했다. 묵묵히 전략을 믿고, 전략을 더 잘 실행하는 데 집중했다. 완벽하지 않은 전략일지라도 이를 잘 실행하는 조직을 이기기란 어렵다.

서비스나우의 조직문화

나와 동료들은 데이터도메인에서 배운 모든 것을 서비스나우에 적용했다. 우리가 고안한 레시피 프레임워크가 효과가 있다는 걸 알고 있었지만, 부임하자마자 무작정 적용하고 싶진 않았다. 만약 그랬다면 서비스나우 창업자들과 너무 많은 갈등을 겪었을 것이다. 그렇지 않아도 그들은 부임 직후의 우리를 침략군으로 보고 있었으니 말이다.

서비스나우는 비타협적이고 고객 중심적인 고성과 문화를 가졌다. 뛰어난 제품을 만들었고 고객 충성도가 높은 기업이었다. 고객들은 우리의 기업과 제품을 둘 다 좋아했다. 상당수 고객이 서비스나우 직원으로 입사하기까지 했다.

내가 성과 지향 문화를 조성하기 시작한 후 직원들이 이것을 받아들이기까지는 시간이 다소 걸렸다. 앞서도 잠깐 언급했듯이, 서비스나우는 샌디에이고시에 본사를 둔 기업으로 남부 캘리포니아 특유의 느긋한 분위기가 넘치는 곳이었다. 내가 처음 도착했을 때 이곳은 첨단 기술 기업들이 포진해 있는 실리콘밸리가 속한 캘리포니아주라기보다는 관광객들이 여유롭게 경치를 구경하는 콜로라도주의 한 도시처럼 느껴졌다. 이 회사는 직원들의 재능과 문화를 빨리 증폭할 필요가 있었다.

우리는 기술적 재능을 가진 실리콘밸리 인재들을 영입할 만한 존재감이 없었기에 우선 존재감을 키우고 싶었다. 샌디에이고 본사는 늘 독특한 정체성을 유지했지만, 성과 측면에서 상당한 진보를 보였다. 이것은 한쪽을 선택하면 다른 한쪽을 포기해야 하는 트레이드오프trade-off 관계가 아니다. 서비스나우는 더 진지하고, 집중되고, 성과 지향적인 조직이 되기 위해 샌디에이고 본사의 기존 문화를 버릴 필요가 없었다. 서비스나우는 다년간 좋은 성과를 냈다. 그 덕분에 모든 사람이 우리가 여러 가지 일을 제대로 하고 있다고 생각하며 지지하게 됐다.

스노우플레이크의 조직문화

스노우플레이크에 부임한 첫 주에 이전 경영진이 추구하는 가치의 흔적을 곳곳에서 발견했다. 이를테면 벽에 붙은 포스터를 포함해서 말이다. 그 흔적들은 스노우플레이크를 진심 어리고, 친절하고, 고결한 기업으로 보이게 했다. 하지만 때때로 일부 장소와 부서에서는 그런 가치와 상반되는 모습이 드러났다. 우리는 성문화(成文化) 사명문과 포스터에서 크게 벗어난 현실에 주목했다.

문화란 CEO의 선언이나 핵심 가치를 실현하기 위해 행동하겠다는 최고경영진의 의지 표명만으로 생기지 않는다. 대다수 조직원이 가치를 수호하고 증진하기 위해 매일 노력하고 일탈을 거부할 때 비로소 생긴다. 나와 동료들이 합류했을 때, 스노우플레이크의 모습은 별로 그렇지 않았다. 직원들은 사일로silo(곡식을 저장하는 굴뚝 모양의 창고에서 유래한 용어로, 다른 부서와 담을 쌓고 자기 부서의 이익만 추구하는 조직을 일컫는다-옮긴이)에 갇혀 잘 협업하지 않았다. 몇몇 예외적인 경우를 제외하면, 리더들조차 직원들과 소통하지 않았다.

주요 판매 지점들에서 문제가 될 만한 하위 조직문화를 발견했다. 그곳 직원들은 슬랙 대화방을 통해 여러 가지 불평을 늘어놓으면서 나중에 후회할 만한 말들을 마구 뱉었다.

캘리포니아주 샌머테이오 지점의 관리자들은 이런 상황을 잘 모르는 듯했다. 직원들이 의견과 감정을 비밀스럽게 털어 놓았기에 서로 간에는 잘 알고 있었지만, 권한을 가진 관리자들에게는 그런 의견과 감정이 전달되지 않았다.

이런 현실을 어렴풋이 깨달은 우리는 회사를 떠난(즉, 잃을 게 없으니 우리에게 솔직히 말해줄) 전 직원들을 찾아 우리 회사에서 경험한 바를 들어봤다. 현 직원들이 대체로 솔직히 털어놓지 않았기 때문이다. 그들은 상사들에게 불이익을 당할까 봐 걱정했다. 게다가 상사들과 문제를 일으켜 해고당하면 손해를 보는 양도제한 조건부 주식을 보유 중이라 몸을 사렸다.

영업사원들은 다른 회사, 다른 지점의 영업사원들과 언제나 얘기를 주고받는다. 그렇기에 다른 회사의 영업사원들이 스노우플레이크의 경영진보다도 스노우플레이크의 영업 부서가 직면한 문제들을 잘 알고 있었다. 내가 처음으로 그런 문제들을 알게 된 것도 스노우플레이크에 관한 소문을 전해준 서비스나우 직원들 덕분이었다. '언제나 진정성을 보이자. 서로 최선을 다하자. 서로의 차이를 인정하자'라는 고결한 가치를 표방했던 스노우플레이크로서는 뼈아픈 일화다.

긍정적인 측면에서 보자면, 이런 상황을 통해 우리는 기업 미션에서 멀어질 경우 초래되는 심각한 결과를 실제 사례를 들어가며 보여줄 기회를 얻었다. 여기저기 흩어진 문제 지역을 완전히 추적하는 데에는 다소 시간이 걸렸지만, 마침내 용인 가능한 선을 넘은 영업 부서 임원들을 찾아 해고했다.

나와 동료들은 스노우플레이크가 천명한 가치를 다시 표방할 필요를 느끼지 않았다. 스노우플레이크 경영진이 천명한 가치는 틀리지 않았다. 문제는 가치와 실제 문화 간의 괴리였다. 리더가 적극적으로 가치를 추구하고 직원들 역시 가치를 준수하도록 강제할 경우에만 목표로 하는 문화를 얻을 수 있다.

리더는 조직문화를 보호해야 한다

나쁜 문화는 좋은 기업의 고립된 소집단 내에서도 발생할 수 있다. 우리가 문제를 일으킨 영업 부서 임원들을 찾아내고 해고하던 당시 스노우플레이크는 위대한 기업이었다. 나는 저조한 성과를 냈을 때보다 인간관계에서 나쁜 행동으로 문화를 훼손했을 때 책임자들을 빨리 해임해야 한다고 믿는다. 가치와 인격이 우리의 문화와 명확히 부합하는 직원들이 저조한 성과를 냈을 때는 성과를 개선하도록 함께 노력할 수 있다. 부족한 업무 기술은 지도를 통해 개선할 수 있다. 하지만 동료나 고객을 무례하게 대하는 것은 그 직원에게 근본적인 문제가 있다는 신호다.

기업이 추구하는 가치를 무시하는 직원은 문화라는 옷에서 찢어진 구멍과 같다. 이런 구멍을 방치하면 조직 내 모든 사람이 영향을 받는다. A라는 직원과 얘기를 나눈 적이 없는 이들도 직원이 다른 사람을 막 대하고, 부도덕하고, 부정직하고, 인격에 문제가 있다는 소문을 듣는다. 만약 그런 행태가 제지를 받지 않는다면, 또는 심지어 업무상 좋은 성과를 냈다는 이유로 승진이라는 보상을 받는다면 모든 직원이 회사가 표방하는 가치와 벽에 붙은 포스터가 전부 헛소리라는 결론을 내리게 된다. 한마디로, '할당된 목표만 달성하면, 뭐든 마음대로 해도 괜찮다'가 회사의 '암묵적인 실제 문화'라고 생각하게 된다.

이것이 다른 직원을 모욕하는 행동이 충분한 해고 사유가 되는 가장 큰 이유다. 해고를 하는 건 그런 행태를 근절하고 피해자를 돕기 위해서만이 아니다. '모든 직원'에게 경영진이 얼마나 진지하게 문화를 유지하고자 노력하는지 신호를 보내기 위해서이 기도 하다. 문화란 좋은 행동의 결과와 나쁜 행동의 결과로부터 모두 영향을 받을 뿐 아니라, 행동의 결과가 부족할 때도 영향을 받는다. 강력한 조직문화를 원하는 리더라면, 대의를 위해 특정 직원을 해고하는 힘든 결정을 내려야 한다. 이를 피할 길은 없다.

단 하나의 예외가 있다면, 외부 영향을 받기 쉬운 젊은 직원들이 기업의 가치를 노골적으로 무시하는 상사의 영향을 받는 경우를 생각해볼 수 있다. 상사의 지시대로 했을 뿐이라면, 그 직원들만의 잘못이라고 볼 수 없다. 그래서 우리는 가끔 그런 직원들에겐 미래를 위해 행동을 바꿀 기회를 준다. 이런 관대한 처분이 여러 차례 효과를 봤기에 이런 상황을 늘 주시한다.

우리는 갓 입사한 모든 신입사원에게 우리의 문화적 기준을 상세히 설명한다. 그래야 나중에 그런 설명을 듣지 못했다고 변명할 수 없기 때문이다. 우리와 함께 일하고 싶어 하는 사람이라면 우리만큼 진지하게 우리의 가치를 지켜야 한다. 이에 동의하지 않는 사람이라면 남들의 시간과 에너지를 빼앗지 말고 회사를 떠나야 한다.

회사가 전체적으로 잘 돌아갈 때는 경영진이 나쁜 행태를 더 용인하는 경향이 있다. 이미 괜찮은 상황인데 괜히 긁어 부스럼 만드는 건 아닐까 하는 마음에서다. 회사가 급성장하다 보면 필연적으로 그런 부작용도 생기기 마련이라며 일종의 성장통으로

치부하기 쉽다. 이는 리더들이 빠지기 쉬운 함정이다. 이런 함정에 빠지지 않도록 늘 경계해야 한다. 자사의 문화를 평가하면서 스스로 몇 가지 핵심 질문을 던져보라.

- 일선 직원들과 얘기할 때, 그들이 활력 넘쳐 보이는가? 아니면 모든 직원이 늪에서 수영하는 것처럼 느껴지는가?
- 직원들은 명확한 목적과 사명감과 주인의식이 있는가?
- 직원들은 몇 년 뒤 조직이 어떤 위치에 있을지에 대해 큰 꿈을 공유하고 있는가?
- 대다수 직원이 절박감을 가지고 실행하고, 활기 넘치게 움직이는가?
- 직원들이 프로젝트, 제품, 재능 발휘 등 모든 면에서 높은 기준을 일관되게 추구하는가?

견실하고 강력한 문화를 구축하고 유지하는 기업은 그 문화에 경탄하는 인재들을 끌어당긴다. 동시에 그 문화와 맞지 않는 이들이 제 발로 나가게 하는데, 이것은 부작용이 아니라 문화의 의도적인 기능이다. 문화를 수용하는 정도는 조직이 목표를 달성하도록 도울 인물이 누구이고, 조직의 발목을 잡을 인물이 누구인지 알려주는 주요한 지표다.

8장

직원들이 직접 소통하고
서로 신뢰하도록 하라

사일로 현상의 위험성

서비스나우 CEO 재임기에 나는 업계에서 인지도 있는 중역 한 사람(요샛말로는 '최고매출책임자CRO'라고 부르는 사람)을 영업 부문 부사장으로 채용하려 했다. 면접을 하면서 나는 그가 재직 중인 회사에서 어느 팀을 자신의 핵심 팀으로 간주하는지 물었다. 당연하게도, 영업팀이란 답변이 돌아왔다. 하지만 내가 기대했던 답변은 달랐다. 나는 '리더십 피어 그룹leadership peer group'이라는 답변을 기대했다. 리더십 피어 그룹이란 엔지니어링, 마케팅, 재무, 서비스 등 여러 부서장으로 이뤄진 팀을 뜻한다. 회사를 실제 운영하는 팀은 바로 여기다. 다른 부서들과 협업하지 않는다면 영업팀은 회사 내에서 고립된 조직, 즉 하나의 사일로일 뿐이다.

각 부서 내의 실행은 훌륭하지만 부서 간에 협업이 필요한 일은 진척되지 않는 고질병에 시달리는 기업이 많다. 이런 기업에선 리더를 포함한 모든 사람이 자기 조직 내에 머무르려 한다. 조직원들은 부서 내의 상사와 부하직원들을 상대하는 데는 능하지만, 다른 부서들과의 협업이 필요한 문제를 대처할 때는 허둥댄다. 다른 부서와 협업해야 하는 문제가 생길 때마다 직원들은 자기 부서의 최고책임자를 찾아가 다른 부서 최고책임자와 업무를 진행해달라고 요청한다. 이런 과정은 각 부서 최고책임자를 메시지 전달자로 전락시키고, 모두의 업무량을 쓸데없이 늘려 업무 효율을 크게 저해한다.

더 심각한 문제는 모든 조직원이 각자의 부서에서 고립돼 있는 행태가 권력구조의 경직성을 강화하고, 리더들이 각자의 영지에서 권력을 휘두르도록 유도한다는 것이다. 이런 조직들은 매우 정치적인 조직으로 변질하는 경향이 있다. 각 부서에서는 최고책임자들이 대부분의 권력을 누리는 반면, 나머지 직원들은 부서 책임자에게 아부하려고 줄을 선다.

이런 사일로 현상이 일어나는 기업에서는 마찰이 생기면 당사자들이 해결하지 않고 위계조직의 꼭대기에 있는 리더들에게 보고한다. 심지어 일부 최고경영자는 이를 선호하기까지 한다. 만약 우리 회사 중역들이 내게 심판을 봐달라고 요청했다면, 나는 내가 CEO직을 제대로 수행하지 못했다고 간주했을 텐데 말이다.

조직구조란 신성불가침의 대상이 아니다. 지휘계통을 정리하는 수단일 뿐이다. 명확한 조직도가 없으면, 지휘계통이 흐트러지고 초점이 맞지 않게 된다. 역설적이게도, 사일로 현상이 나타날 정도로 규모가 큰 기업일수록 마치 부서 간의 경계가 거의 없는 것처럼 협력해서 일해야 한다. 고립된 각 부서의 리더들이 고립을 더 강화하면, 그 밑의 직원들은 이 문화를 바꿀 동기를 느끼지 못하게 된다.

너무도 많은 관리자와 중역이 자신이 담당하는 부서를 둘러친 장벽을 유지하려 노력하고, 부서 직원이 외부인과 얘기하려면 자신의 허락을 받으라고 요구한다. 이렇게 터무니없는 규제에 집착하는 괴짜들은 기업 현장에서 생각보다 훨씬 흔히 볼 수 있다. 다행히도, 이런 풍토는 충분히 바꿀 수 있다.

더 나은 선택지: 직접 소통하기

"직접 소통하라."

우리 회사에서 자주 쓰는 말이다. 부서 간 협업이 필요한 문제가 생길 경우, 다른 부서에서 누가 가장 직접적으로 도움을 줄

수 있는지 파악하고 주저 없이 연락하라. 우리는 직책, 직위, 부서와 무관하게 '누구나' 이유 막론하고 누구와도 이야기를 할 수 있게 했다. 우리는 회사가 직위와 직책이 아닌, 업무 처리에 미치는 영향을 중심으로 운영되길 원한다. 모든 임직원이 우리 회사를 서로 경쟁하는 작은 팀들의 나열이 아닌, 하나의 큰 팀으로 생각하길 바란다.

우리는 또한 다른 직원이 연락을 시도하는 경우 그 사유가 무엇이든 지체 없이 통보받고, 사려 깊게 응답하길 기대한다. 상대방보다 직급이 위라는 이유만으로 또는 상대방의 요청에 따르기 귀찮다는 이유만으로 동료의 연락을 무시하는 것은 용인할 수 없다. 다른 기업에서 이직한 직원들이 그렇게 행동하는 경우가 종종 있는데, 우리는 그런 행동을 인식하자마자 즉시 행동 조정을 권고하거나 규율로 정리한다. 모범을 보이기 위해 나는 이메일을 보낸 모든 직원에게 직접 답장을 보낸다. 해당 사안을 처리해줄 다른 직원을 소개하는 짤막한 답장일 때도 있지만, 어쨌든 내게 이메일을 보낸 직원은 반드시 답장을 받는다.

당사자에게 직접 연락해 업무를 처리하는 행동을 핵심적 문화의 일부로 만들려면, 많은 소통과 보강 작업이 필요하다. 우리 회사 직원들은 다른 부서 직원들과 수평적 소통을 해야 한다는 설명을 내게 귀에 못이 박히도록 들었다. 수평적 소통보다는 수직적 보고 체계를 거치려는 직원들의 반사작용이 너무도 강했기에, 나는 틈날 때마다 설명해야 한다고 느꼈다. 다른 부서 직원에게 직접 연락해 협업하는 것이 얼마나 중요한지를 리더가 계속 강조해야 사일로 안에 안주하려는 악습의 고리를 끊어낼 수 있다. 리더가 계속 노력하면 직원들이 같은 부서 내 사람들과 함께 일하는 것만큼이나 쉽게 다른 부서 직원과도 수평적으로 협업하게 될 것이다.

이는 부서장 레벨에서도 유효하다. 나는 언제나 회사의 다양한 사안을 논의하고 결정하기 위해 부서장들의 협의체를 우선시했다. CEO로서 내 역할은 단순히 부서장들에게 무슨 일을 하라고 지시하는 것이 아니라 부서장들이 문제를 해결하기 위해 계획을 세우고 창조적 해법을 찾아내도록 격려하는 것이다.

모든 부서장이 한 테이블에 앉아서 문제의 해결책을 계속 논의한다. 줌Zoom 프로그램으로 온라인 화상회의를 할 때는 갤러리 모드로 모든 참석자의 얼굴을 화면에 표시한다. 이런 접근법은 부서 간에 마찰이 발생했을 때 중역들이 CEO를 찾아가 보고하는 대신 편하게 다른 임원과 직접 소통하고 협력하도록 유도한다. CEO의 사무실은 마법의 성이 아니다! 이런 노력의 결과 임원들은 수직적 보고 체계보다 수평적 협업 체계가 시간과 노력을 대폭 절약해준다는 사실을 알게 됐다. 그리고 임원들의 수평적 협업은 다른 모든 직원에게 좋은 본보기가 됐다.

한편, 지위를 이용해 의견을 밀어붙이는 것은 CEO도 삼가야 하는 행동이다. 만약 CEO가 주장 자체의 설득력으로 임직원들의 지지를 얻지 못하는 상황이라면, 자기 주장을 밀어붙여 토론에서 이길 생각을 해선 안 된다. 단기적으로 CEO라는 직함을 내세워 임직원들에게 의견을 강요할 순 있겠지만, 장기적으론 문제를 해결하기보다 악화시킬 뿐이다.

신뢰, 그리고 팀이 빠지기 쉬운 함정

직접 소통은 직원들이 서로 보고할 의무가 없는 관계인 다른 부서 직원들을 신뢰할 경우에만 전략으로서 작동한다. 신뢰는 팀의 효율성에 근본적으로 필요한 요소다. 신뢰가 얼마나 중요한지는 아무리 강조해도 지나치지 않다. 대다수 조직원이 서로 신뢰하는 조직은 그렇지 않은 조직보다 삶의 질이 높다. 대다수 조직원이 서로 신뢰하는 상태에서는 동료들이 각자 해야 할 일을 하고 있는지, 누군가가 업무를 방해하진 않는지 엿보기보다는 조직이 우선시하는 업무에 더 많은 에너지를 집중한다.

신뢰는 저절로 생기지 않는다. 공들여 형성하고 쌓아가야 한다. 모든 조직원이 신뢰 형성을 목표로 삼고 끊임없이 노력해야 한다. 업무를 하다 보면 신뢰를 얻을 기회도, 잃을 기회도 끊임없이 생긴다. 사람들은 신뢰할 수 없는 동료를 거의 본능적으로 신속하게 감지한다. 대다수 사람은 처음 인간관계를 맺을 때 맹목적인 신뢰를 보내기보다는 신뢰할 수 있는 인물인지 먼저 입증해보도록 하고 살핀다. 이런 상태에서 실망스러운 경험을 한 번 하면 신뢰를 쌓기가 어려워진다.

그렇다고 언제나 신뢰를 쌓은 관계에서만 업무가 진행되는 건 아니다. 특정 직원, 팀, 부서와 부분적 또는 잠정적 신뢰만 형성한 상태에서 함께 일을 진행하는 경우도 있다. 자신의 목표와 상충하는 이들을 상대해야 할 때도 있다.

신뢰가 낮은 환경에선 직원들이 늘 수세적 태도로 업무를 진행하기 마련이다. 동료들의 무관심이나 노골적 업무 방해에 쉽게 행동이 움츠러든다. 직원들은 이런 식으로나마 근근이 살아갈 수 있을지는 몰라도, 기업은 전체적으로 성과가 떨어져 어려움을 겪을 것이다. 모든 직원이 기업의 생존이 아닌 자신의 생존에 급급한 기업은 성공할 수 없다.

낮은 신뢰도로 팀 기능이 저하되는 현실을 분석하는 개념적 틀로 내가 애용하는 것은 패트릭 렌시오니Patrick Lencioni가 《팀워크의 부활》에서 소개한 '팀이 빠지기 쉬운 다섯 가지 함정'이다. 나는 수년간 이 개념적 틀을 사용해 우리 회사가 하나의 팀으로서 얼마나 기능을 발휘하고 있는지 평가해왔다. 렌시오니가 말한, 팀이 빠지기 쉬운 다섯 가지 함정은 다음과 같다.

이 개념적 틀은 더 논의할 여지가 많지만, 기본은 신뢰다. 먼

팀이 빠지기 쉬운 다섯 가지 함정

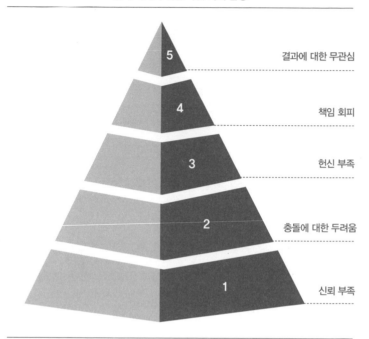

5	결과에 대한 무관심	개인적 목표와 지위를 추구하느라 조직의 성공을 위한 일에는 집중력이 떨어진다.
4	책임 회피	인간관계가 불편해지는 것을 피하려는 욕구 때문에 팀원들이 서로 행동과 성과에 대한 책임을 지우길 꺼린다.
3	헌신 부족	명확성이나 동의의 부족으로, 팀원들이 앞으로 지켜나갈 결정을 내리지 못한다.
2	충돌에 대한 두려움	인위적 조화를 유지하려는 욕구가 아이디어에 대한 생산적 논쟁을 억누른다.
1	신뢰 부족	팀원들에게 공격받을지 모른다는 두려움이 신뢰 구축을 방해한다.

저 팀원들 간의 신뢰부터 구축해놓지 않으면 팀이 빠지기 쉬운 다른 함정들, 즉 충돌에 대한 두려움, 헌신 부족, 책임 회피, 결과에 대한 무관심이라는 함정에 대처하기 어려워진다.

리더가 신뢰를 구축하는 방법

조직에서 신뢰를 구축하기 위해서는 리더가 먼저 믿을 수 있는 인물이 되어야 한다. 그렇지 않으면, 직원들에게 신뢰하라고 요구할 수 없다. 직속 부하직원일지라도 말이다. 리더는 자신이 믿을 만한 인물임을 입증함으로써 신뢰를 획득해야 한다.

나는 세 기업의 CEO로 부임한 첫날이면 매번 모든 사람의 불안과 불신을 감지했다. 새로 부임한 리더들은 경력이나 경험과 무관하게 의심을 받기 마련이다. 사람은 누구나 본능적으로 변화를 경계하기 때문이다. 그렇지만 자신의 내러티브와 일치하는 언행을 유지하면, 결국엔 신뢰를 획득할 수 있다.

직원들은 늘 리더의 언행 불일치(특히 부하직원을 대하는 태도)를 눈여겨본다. 리더의 사소한 언행 불일치라도 감지되면 그의 약속을 의심하기 시작한다. 정치인들이 불신의 대상이 되는 이유가 이것이다. 정치인들이 하는 말은 대부분 현실과 동떨어져 있다. 그들은 겉모습만 중시하는 이미지의 세계에서 살아가며, 일단 당선만 되면 다음 선거 때까지 모든 공약을 보류하거나 딴소리를 한다.

신뢰를 얻기 위해 항상 완벽해야 한다는 말은 아니다. 그러나 리더라면 자기 행동을 솔직히 설명할 필요가 있다. 리더가 자신의 단점과 개선해야 할 점을 자각하고 있음을 보여줄 때, 직원들의 신뢰도가 높아진다. 실패를 솔직히 설명하는 리더가 실패를 부정하고 사람들이 못 보고 지나치길 기대하는 리더보다 나은 결과를 얻기 마련이다. 물론 이 전략은 효과를 보기까지 오랜 시간과 노력이 필요하다. 리더가 매번 진심 어린 태도로 자기 잘못이라고 말해도, 계속해서 저조한 성과를 내면 직원들의 신뢰가 높아지긴 어려울 것이다.

말은 그럴듯하게 하지만 그에 걸맞은 성과를 내지 못하는 리더는 모든 신뢰와 신용을 잃는다. 그러므로 무언가를 약속할 때, 약속을 지키는 데 필요한 능력과 자원이 자신에게 있는지 확인하라. 상품 출시에 관한 약속뿐 아니라 직원들에 대한 약속도 마찬가지다. 예를 들어, 특정 이슈에 대해 무관용 정책을 시행하겠다고 발표했으면 예외를 두지 마라. 누군가를 밀어주겠다고 말했으면 그대로 실천하라. 말에는 결과가 따른다. 사람들은 말과 행동이 일치하는 리더를 신뢰한다.

리더가 신뢰를 구축하는 더 좋은 방법이 있다. 최대치보다 낮춰서 약속하고, 약속한 것보다 더 해내는 것이다.

2019년 스노우플레이크 CEO로 부임한 나는 직원들의 신뢰를 얻기까지 우여곡절을 겪었다. 전 CEO는 인망이 두터웠던지라 직원들은 CEO 교체를 예상하지 못했다. 게다가 내가 CEO로 부임하자마자 임원 교체를 시작했기에 불안을 느끼는 이가 많았다.

부임 후 처음 주재한 분기별 전체 회의에서 나는 희망과 기도가 아닌 집중과 실행을 통해 스노우플레이크의 기업가치를 12~18개월 내에 10배 키우겠다고 선언했다. 나는 당시 수많은 참석자의 얼굴에서 불신의 눈빛을 봤다.

스노우플레이크는 2020년에 뉴욕 증시 상장에 성공했다. 공모가 기준으로 시가총액은 내가 분기별 전체 회의에서 약속한 시점과 비교하면 13~14배에 달했다. 그리고 상장 첫날에 주가가 2배 이상으로 뛰었다. 나는 수많은 직원으로부터 기업가치를 10배 올리겠다고 공언한 전체 회의를 회상하는 이메일을 받았다. 한 직원은 이렇게 말했다.

"우리는 그날 사장님의 말씀을 믿지 못했습니다. 그러나 사장님은 말씀하신 것보다 훨씬 더 많은 것을 이루셨습니다."

높은 신뢰도가 주는 힘

높은 신뢰도의 직장 문화는 고성과 조직과 상관관계가 있다. 신뢰도가 높은 팀에선 팀원들이 조직의 성공을 위해 즉시 서로 연락해 협업한다. 이 과정에서 누구도 난처해하거나 상대방을 무례하다고 여기지 않는다. 모든 팀원의 동기가 정치적 이유에서가 아니라 명예로운 이유에서 발현됐다고 신뢰할 경우엔 수세적 태도에서 벗어나 업무상의 문제와 장애물을 해결하는 데 집중하게 된다. 높은 신뢰가 쌓인 환경에서는 팀원들이 나쁜 결정을 옹호할 필요가 없다. 실패를 빨리 인정하고, 실패를 극복하기 위한 단계를 밟아나갈 수 있기 때문이다.

나는 직원들에게 좋은 선례를 남기기 위해 내가 과거에 부정확하고 후회스러운 결정을 내렸음을 깨달았을 때마다 공개적으로 인정하고 빠른 실패를 선언했다. 한 예로, 데이터도메인 CEO로 재직하던 시기에 전자기기 생산을 외부 업체에 위탁하는 과정에서 어려움을 겪었다. 몇몇 위탁생산 담당자를 채용하고 해고했는데, 적합한 인재를 채용하는 데 실패했다. 이는 부분적으로 내가 이전에 제조업 일을 다룬 적이 없었던 탓이다. 나는 공개적으로 실패를 인정하는 한편 문제를 해결할 때까지 노력을 멈추지 않을 것이라고 말했고, 그대로 실천했다.

나와 동료들은 서비스나우에서 소름 돋게 비슷한 상황을 경험했다. 서비스나우에서 클라우드 컴퓨팅 인프라 관리자 팀을 구성해야 했는데, 이전에 클라우드 컴퓨팅 인프라를 관리해본 적이 없었고 업계에도 그런 경험을 가진 인재가 드물었다. 나는 내가 담당한 인재 채용 과정에서 실수가 있었음을 공개적으로 인정했다. 그리고 전과 마찬가지로, 회사가 목표로 하는 지점에 도달할 때까지 멈추지 않겠다고 약속했다.

혹시 실수를 저질렀는가? 두려워할 필요도, 부끄러워할 필요도 없다. 실수를 인정하고 해법을 찾을 때까지 절치부심의 자세로 노력한다면, 충분히 감당할 수 있다.

나는 내 실수를 공개적으로 인정함으로써 모든 직원에게 처벌을 두려워하지 말고 실수를 인정하라는 메시지를 보냈다. 언제나 문제를 한 번에 해결하는 사람은 없다. 임직원들이 빨리 자신의 실수를 인정하고 수정할수록 기업이 번창할 가능성이 커진다. 다만, 실수를 인정해도 안전하다는 신뢰를 구축한 환경에서만 그럴 수 있다.

4부

초점을 좁혀라

AMP
IT UP

9장

해법보다는 분석

성급하게 해법에 매달리는 것이 문제

의사가 환자의 상태에 대처하는 방식은 '진단 중심적'이다. 당연한 얘기다. 정확히 진단하지 않은 채 어떻게 효과적으로 치료할수 있겠는가. 특히 의료 사고가 발생하면 거액의 소송에 맞닥뜨려야 하는 시대에 말이다. 그래서 의사들은 환자를 검진하고 오진의 여지를 없애는 데 많은 시간을 쓰도록 훈련받는다. 제대로검진한 다음에야 치료 절차를 시작할 수 있다. 심지어 치료를 시작하고 나서도 효과가 기대에 미치지 못할 못할 경우를 늘 대비하라고 교육받는다. 환자를 오진한 탓에 치료가 효과를 거두지못할 가능성도 있기 때문이다. 생명과학은 불확실성이 존재하는 분야다. 의사일지라도 모든 것을 당연시하며 진행할 수 없다.

그런데 기업에서는 정반대의 경향을 볼 수 있다. 경영자들에게는 '해법 중심적'인 경향이 있다. 문제를 진단하기보다 해법을 논의하는 데 대부분의 시간을 소비한다. 무엇이 틀렸고, 그래서 어떻게 대처할지 빨리 결론을 내려고 경쟁하듯 서두른다. 눈앞의 특정 상황을 더 넓은 관점에서 연구하기보다는 개인적 경험을 토대로 상황들의 패턴을 찾아 반응한다. 자신의 판단을 비이성적으로 확신하고 빨리 해법을 실행하려고 서두르지만, 애초에 문제를 잘못 이해했다면 그 해법으로 효과를 거둘 수 없다.

내가 미국에서 처음으로 정식 입사한 직장인 버로스코퍼레이션에서 그런 상황을 목격했다. 1970년대 메인프레임 컴퓨터 시장에서 버로스코퍼레이션은 유니박UNIVAC, NCR, 컨트롤데이터ControlData, 허니웰Honeywell과 함께 'BUNCH'라고 불렸다. 그러나 규모가 작은 탓에 사업이 정체돼 있다고 느꼈고, 그 해법으로 1986년 스페리 유니박Sperry UNIVAC과 합병했다. 당시 버로스코퍼레이션의 문제가 규모라는 명확한 증거는 없었다. 두 회사의 합병으로 탄생한 유니시스가 이후 35년간 기록한 결과를 보면, 문제는 규모가 아니었다. 두 회사가 직면한 과제들은 합병 이후에도 똑같이 남아 있었다. 오히려 풀어야 하는 과제의 크기가 커졌을 뿐이다.

인수·합병은 정체 상태에서 벗어나는 방법으로 종종 선호되지만, 실제로 정체 상태를 벗어나는 효과를 거둔 사례는 드물다. 대부분의 경우 경영자들이 문제를 잘못 분석하고 무작정 인수 · 합병을 진행하기 때문이다.

대개 문제는 특정 준거 틀에 갇혀 매우 좁은 범위의 설명만 받아들이는 지적 태만에 있다. 원래 인간은 특정 내러티브에 이끌리면 다른 설명을 거부하는 성향이 있다. 게다가 특정 내러티브가 사람들을 좋거나 나쁘게 보이게 하는 경우, 정치가 끼어든다. 모든 임직원이 기존의 진부한 사고 패턴으로 문제를 생각하고, 통념에서 벗어난 생각을 하는 것을 골치 아픈 일로 여길 수도 있다. 이런 경우에는 임직원들이 옳은 분석에 집중하기보단 기존 통념을 내세워 논쟁에서 이기려 든다.

두 번째 직장인 컴퓨웨어가 그랬다. 1990년대 중반 컴퓨웨어는 메인프레임 컴퓨터 중심의 사업에서 벗어나길 원했다. 당시 컴퓨웨어 경영진의 눈에 메인프레임 컴퓨터는 유망 사업 영역으로 보이지 않았다. 당시 유망 사업 영역은 미니컴퓨터, 유닉스 운영체계, 데스크톱 PC, 윈도 서버였다.

그런데 컴퓨웨어는 무슨 문제를 해결하려 하는 건지도 명확하지 않았다. 메인프레임은 여전히 수익성이 매우 높았고, 당시 떠오르던 모든 신기술에 비해 예측성이 매우 높은 사업이었다. 심지어 그로부터 몇 년 뒤에는 악명 높은 Y2K 문제가 부각돼 메인프레임 사업의 매출이 급증할 터였다. 컴퓨웨어는 존재하지도 않는 문제를 해결하려고 시도했다. 그런 시도의 일부로 기업인수를 줄줄이 단행했는데, 이는 훗날 문제가 됐다.

컴퓨웨어가 그렇게 인수한 기업 중엔 네덜란드 암스테르담 소재 소프트웨어 개발사인 유니페이스도 있다. 컴퓨웨어 경영진은 내게 이 기업인수 과정의 관리를 맡겼다. 기업인수 협상 과정에서 나는 수많은 난제에 부딪혔다. 그중 하나가 유니페이스 제품들이 제품 수명주기의 마지막 단계로 접어들고 있다는 점이었다. 이 때문에 인수 후에도 산 넘어 산이었다. 유니페이스 인수를 통해 어떤 문제도 해결하지 못했고, 그 후 수년간 새로운 문제들을 떠안게 됐다.

기업이 핵심 사업부문에서 너무 성공하다 보면 새로운 사업을 시작해도 실패할 리 없다는 맹신에 빠져 제대로 분석하지도, 파악하지도 않은 사업에 뛰어들기도 한다. 1990년대에 메인프레임 사업은 안정적으로 꾸준히 매출을 올린 반면, 혁신적이라고 일컬어지던 신기술들은 맹렬한 속도로 나타났다가 사라졌다. 그러니 신기술이라는 말에 혹해 기업 인수를 하는 것은 현명한 해법이 아니었다.

옳은 해법인지 아닌지 제대로 분석하지도 않은 채 성급히 실행에 나서는 또 다른 원인은 집단사고에 있다. 집단사고는 통념에서 벗어난 새롭고 창의적인 사고방식을 가로막는다. 우리는 집단사고가 재앙적 결과로 이어진다는 사실을 역사를 통해 알고 있다. 실패로 끝난 1961년 쿠바 피그스만 침공(1961년 미국이 피그스만을 침공했으나 대비하고 있던 쿠바군에 대패해 수많은 사상자와 포로를 발생시킨 사건-옮긴이)이 한 예다. 집단사고는 인간의 모든 활동에 내재된 성향이다. 문제는 집단사고에서 벗어나 지적으로 정직하게 바라보기 위해 얼마나 노력하느냐다. 편향과 편견은 인간의 본성에 속한다.

스노우플레이크 CEO로서 데이터 클라우드 제품의 고객 확보 방안을 논의하고자 주재한 회의가 기억난다. 그날 참석자들은 데이터 소스의 다양성과 가용성이 작다는 점이 고객 증가 속도가 느린 원인이라고 가정하고, 이를 높일 계획을 논의하는 데 집중했다. 원인에 대한 설명이나 문제의 본질에 대한 분석은 전혀 없었다. 참석자들에게는 안된 일이지만, 나는 이미 제안된 계획을 서둘러 처리하기보다는 문제의 본질을 다시 생각해보자고 논의의 방향을 틀었다. 나는 무작정 해보는 것, 아무 아이디어나 실험해보는 것을 별로 좋아하지 않는다. 그런 식으로 조직을 운영하면 시간과 자원을 헛되이 쓸 뿐이다. 산탄총이 아니라 소총으로 조준사격을 해야 한다.

그 후 우리는 데이터 리소스의 가용성을 크게 높였고, 모든 데이터가 똑같이 만들어지는 것은 아니라는 사실도 알게 됐다. 수요가 높은 데이터 소스도 있고, 거의 접근되지 않는 데이터 소스도 있다. 우리는 특정 섹터 주변으로 데이터의 깊이와 범위가 증가한다는 '데이터 중력'이라는 개념을 어렴풋이 파악하게 됐다. 그래서 무작정 문제 해결에 달려드는 대신, 초기 데이터 클라우드 고객의 증가를 가로막는 요인들을 더 세심히 파고들었다. 그 덕분에 문제를 훨씬 더 정밀하게 해결하는 방법에 접근할 수 있었다.

어떻게 분석에 집중할 것인가

그러므로 우리는 좀 더 의사처럼 일할 의무가 있다. 다시 말해, 기업이 직면한 문제에 대한 설명과 해법을 서둘러 내놓지 말고 시간을 들여 상황과 문제를 면밀히 분석할 의무가 있다. 이는 지적 정직성, 즉 과거 경험과 편견에 휘둘리지 않고 이성적 태도를 유지하는 능력을 요구하는 일이다. 머릿속에 가장 먼저 떠오르는 생각에만 매달리지 말고 모든 가능성을 열어두고 생각하라. 자신을 둘러싼 환경 밖에서 조언을 구하라.

성급하게 결론을 내리지 않고 이성적으로 분석하려면 어떻게 해야 할까? 지적 정직성을 유지하도록 직원들을 훈련하려면 어떻게 해야 할까?

내가 선호하는 전술은 백지상태로 되돌아가 문제를 다시 생각해보는 것이다. 문제를 가장 기초적인 요소들로 분해하라. 자신이 이미 알고 있다고 생각하는 것들을 무시하고, 살면서 처음으로 이런 상황을 마주쳤다고 상상해보라. 익숙한 상황일수록 적용하기 어렵지만, 시도할 가치는 있는 전술이다.

나는 종종 회의에서 발표 시간의 90퍼센트를 문제 분석이 아닌 해법에 할애하지 말라고 말한다. 동료들은 내가 언제나 프로그램이나 프로젝트에 곧바로 결재 도장을 찍지 않고, 처음으로 되돌아가 다시 생각해보자고 말하는 태도에 불만을 느낀다. 동료들은 빨리 실행 단계로 뛰어들 생각뿐이기에 문제를 어떻게 설명할지에 대한 심층 토론을 시간 낭비라고 봤다. 하지만 문제를 잘못 판단하고 그에 따라 효과가 없는 해법을 채택한다면, 훨씬 더 큰 시간 낭비를 초래한다. 일단 문제를 분해해 면밀히 검토해보면, 가능성의 범위를 넓혀주는 관점을 얻는다. 그래야 틀린 해법을 선택하는 실수를 방지할 수 있다. 많은 시간, 노력, 돈을 낭비한 뒤에 처음으로 되돌아가야 한다면 얼마나 기가 차겠는가.

내가 가장 좋아하는 슬로건은 (5장에서 언급했듯) 썬마이크로시스템즈 창업자 스콧 맥닐리의 '빨리 실패하라'다. 잘못했음을 깨달았다면 즉시 고쳐라. '경로를 신속하게 수정하는 사람'이라는 평판을 쌓아라. 틀렸을 때 빨리 인정한다면, 항상 옳은 결정만 내리지 않아도 성공할 수 있다. 그런 사람은 내러티브와 사랑에 빠져 자신이 틀렸음을 인정하지 못하고, 정치적으로 평가가 깎일까 봐 두려워 최초의 문제 분석 단계로 되돌아가길 거부하는 대다수 사람과 다른 길을 갈 수 있다.

인사 결정에서 특히 중요한 분석

이런 접근법이 특히 중요한 분야는 직원 채용이다. 채용 결정에는 편향이 가득하기 마련이다. 너무도 다양한 인간 특성을 객관적으로 평가하기란 불가능하기 때문이다. 채용 결정이 실패로 끝나는 것은 용서할 수 있지만, 채용상의 실수를 인식하고 인정하고 대처하길 거부하는 일은 용서할 수 없다.

나는 수십 년간 수많은 직원을 채용한 경험이 있다. 그중에는 성공적 경력을 쌓고 평판이 좋은 중역을 채용했다가 우리 회사에 부적합한 인물로 드러난 경우도 여러 차례 있다. 이는 모든 리더가 겪는 일이다!

우리 회사에 적합한 인재라고 판단해 채용했는데, 그 판단이 틀렸음을 어떻게 알까? 6장에서 언급한 '조정 회의'를 통해 알 수 있다. 이 회의에서는 각 부서장이 부하직원들의 성과와 잠재력을 평가하고 다른 부서 동료들에게 피드백을 받는다. 조정 회의의 목적은 누가 유망한 인재인지, 누가 성과를 내지 못하고 뒤처지는지, 누가 심각한 걱정거리인지에 대한 부서장들의 생각을 파악하는 것이다. 각 부서장은 부하직원을 최대한 객관적으로 평가하려 노력하는 한편, 자신의 직원 평가에 대해 동료 그룹이 어떻게 생각하는지 현실을 확인할 수 있다.

우리는 누구든 개인적으로 편향된 평가를 할 수 있다. 이를 동료 그룹이 보완하면 더 객관적이고 투명한 평가 결과를 얻을 수 있다. 동료 그룹이 높게 평가하는 직원은 실제로도 적합한 직원이고, 낮게 평가하는 직원은 실제로도 부적합한 직원일 확률이 높다. 조직문화가 견실한 기업에서는 위험한 외부 물질이 조직의 건강을 해치기 전에 관리자 동료 그룹이 그것을 격퇴하는 항체 같은 역할을 할 수 있다.

조정 회의를 여는 건 어렵고 힘들 수 있으나, 업무에 부적합한 직원이 누구인지 조명해준다. 또한 조직에서 취약한 보직이 어디인지 직시하게 함으로써 우수한 성과를 내지 못하는 보직을 방치하지 않게 해준다.

우리는 더 잘할 수 있지 않을까? 더 잘해야 한다는 열망을 가져야 하지 않을까? 분석은 일상 업무로 분주하게 지내다 보면 무뎌지기 마련인 인식의 날을 날카롭게 다듬어준다. 이런 주제들을 명시적으로 논의하는 조정 회의를 개최하면 조직에 활기를 북돋울 수 있다.

특정 중역에 대한 동료들의 평가에서 큰 불일치가 보이면, 우리는 서둘러 결론을 내리기보다는 한층 더 깊이 분석한다. 해당 중역에 대한 사람들의 평가가 엇갈리는 이유가 있을 터이기 때문이다. 충분한 시간을 들여 토론하면 늘 진짜 원인을 찾아내게 된다. 분석을 먼저 하라. 특히 누군가의 커리어가 달린 사안에서는 더더욱.

・ 10장 ・
고객성공과 보상을 연결하라

고객성공 부서, 정말 필요한가?

10년 전쯤 실리콘밸리에선 이른바 '고객성공customer success' 부서 신설 바람이 불었고, 지금은 대부분 기업이 고객성공 부서를 두고 있는 듯이 보인다. 하지만 그 이전까지는 이런 부서가 존재하지 않았다. 고객지원을 전담하는 팀인 고객성공 부서가 흔해진 것은 그리 오래된 일이 아니다.

고객들은 자신을 대변해줄 전담 부서의 등장을 환영했다. 기술개발 부서, 영업 부서부터 제품지원 부서까지 온갖 부서 출신 전문가로 구성된 전담 부서가 고객의 문제 해결을 위해 모든 자원을 투입하려 드니 말이다.

이것이 훌륭한 경영혁신처럼 보이는가? 내가 CEO로 취임하기 전에 이런 부서를 신설한 서비스나우, 스노우플레이크 경영진의 눈에는 그렇게 보였을 것이다. 그들은 다른 기업이 만든 트렌드를 따라가면서 흡족해했다. 그러나 나는 다르다. 서비스나우, 스노우플레이크 CEO로 취임한 이후 고객성공 부서를 없애고 직원들을 각자 전문 지식에 맞는 부서로 돌려보냈다.

내가 그렇게 한 이유는 다음과 같다. 고객성공 부서 설치는 해당 부서 이외의 조직원들에게 고객들이 우리 제품과 서비스로 사업이 얼마나 성공할지 더는 걱정하지 않게 하는 동기가 된다. 그리고 이는 '단절'을 만들고 여러 가지 주요 문제를 일으킨다. 즉, 직원들이 각자 부서에 틀어박혀 자기 부서의 목표 달성에만 집중하는 것이다. 그러면 고객 이탈 방지, 입소문, 수익성, 회사의 장기적 생존을 가능케 하는 '고객만족'이라는 더 넓고 더 중요한 목표에 집중하지 못한다.

예를 들어 서비스나우의 고객성공 부서는 고객과의 상호작용을 거의 독점하고, 기술지원·전문 서비스·엔지니어링을 포함한 회사의 모든 고객지원 자원의 배분을 조율했다. 이는 다른 부서 직원들이 고객성공에 기여해야 한다는 주체적 의식 없이 뒤로 물러서서 수수방관케 하는 부작용을 가져왔다. 기능 부서들 간의 사이가 가까워지는 것이 아니라 오히려 더 멀어져 단절이 심해졌다.

고객성공은 모든 직원이 신경 써야 할 업무다

대안적 전략은 고객성공이 한 부서만의 업무가 아니라 회사 전체의 업무임을 선언하고 끊임없이 강조하는 것이다. 고객에게 문제가 생기면 모든 부서가 그 문제를 해결할 책임이 있다는 뜻이다. 모든 직원의 동기는 고객의 이익과 완전히 정렬되어야 한다.

기존 부서들이 책임지고 적절하게 대응한다면, 굳이 별도의 고객성공 부서를 둘 필요가 없다. 제품에 큰 문제가 생겨 일손이 많이 필요한가? 그래도 기존 부서들이 여분의 자원을 투입해서 대처하게 하라. 그보다 평범한 문제가 터졌는가? 모든 직원에게 그 문제를 환기하고, 처리 능력을 갖춘 직원이 직접 나서게 하라. 어떤 경우든, 별도의 부서를 새로 만드는 결정은 추가적 가치를 창출하지 않는다. 지금까지 고객을 실망시켰을지 모르는 부서들의 부담을 덜어줄 뿐이다.

문제를 해결하기 위해 새 부서를 만들고 싶다면, 문제가 터질 때마다 새로운 조직을 만들어온 미국 정부를 보라. FBI, CIA, 국방부는 9·11테러를 막지 못했다. 그리고 누구도 이에 대한 책임을 지지 않았다. 오히려 미국 정부는 또 다른 관료 조직인 국토안보국을 신설했다. 기존 관료들은 임무 수행을 실패한 데 대한 처벌을 받지 않은 채 자리를 보존해 연방정부의 자원을 계속 소모하고 있다. 게다가 새로운 조직은 당면한 문제를 해결하는 과정의 복잡성을 증가시킨다.

고객 불만에 가장 좋은 해법은 업무에 대한 직원들의 주인의식을 높이는 것, 복잡한 조직구조를 정리하는 것, 관료주의적 보고를 생략하고 직접 협업하도록 유도하는 것이다. 고객과 직접 소통하는 영업 부서 직원과 제품 개발자들은 고객의 복리 증진을 위해 책임을 다해야 한다. 제품을 쓰는 고객이 나은 결과를 얻을수록 그들도 승진할 수 있고 회사 실적도 나아지니까. 이런 식으로 모든 이의 동기가 정렬돼야 한다. 고객을 지원하는 과정에서 여러 부서의 범위가 겹친다면 오히려 좋은 일이다. 모든 고객이 지원에서 소외당하지 않을 테니까.

지금까지 설명한 내용이 현실에서 어떻게 작동하는지 예를 들어보겠다. 나는 CEO로 근무한 세 기업에서 기술지원팀 직원들을 모든 고객 이슈를 주도적으로 해결하는 조직으로 만들었다. 또한 회사 내 조직구조에서 기술지원팀을 엔지니어링 부서의 우산 아래로 이동시켜 모든 엔지니어가 같은 중역(엔지니어링 부서장)에게 보고하게 했다. 내 경험상 엔지니어링팀과 기술지원팀을 분리하는 것은 바람직하지 않다. 엔지니어링은 사실상 기술지원팀의 역할도 수행하고, 기술지원팀은 고객 지원 여력이 고갈될 때마다 엔지니어링 부서와 협업해야 하기 때문이다. 이것은 조직 간 정렬의 한 예다.

기술지원팀이 고객 이슈를 주도한다면, 영업팀은 고객관계관리customer relationship management를 주도한다. 고객관계관리는 고객성공 부서에 양보할 수 없는 업무다. 우리는 계약이나 거래가 아닌 관계에 기반을 둔 사업을 영위한다. 그러므로 영업팀 직원들이 이 역할 일부를 고객성공 부서에 양도해선 곤란하다.

각 업무에 적합한 팀에 문제 해결 과정과 관련된 전권을 위임하고 나면, 고객성공 부서가 얼마나 쓸데없는 시도였는지 알게 될 것이다. 지금까지 설명한 내용을 실천하는 기업은 더 간단하고, 비용이 덜 들고, 더 나은 기능을 발휘하는 조직으로 탈바꿈할 것이다.

5부
___

속도를 올려라

AMP
IT UP

11장

영업력을 키워라

영업력을 키워야 할 때

나는 2009년에 출간한 《테이프는 버려라: 실리콘밸리 데이터 도메인의 성장 이야기TAPE SUCKS: Inside Data Domain, A Silicon Valley Growth Story》에서 다음과 같이 말했다.

"스타트업은 자원을 아껴 쓰는 단계에서 빠르게 소비하는 단계로 전환해야 하는 순간이 온다. 기업을 효과적으로 운영하는 방식을 깨달으면 그런 전환을 서둘러야 한다. 그때가 언제일지는 미리 알 수 없다."

내가 기업가들에게 가장 많이 듣는 질문 중 하나가 이것이다.

"스타트업의 영업력을 언제 램프업ramp up(예상되는 제품 수요 증가에 앞서 생산능력을 확대하는 것―옮긴이)해야 할지 어떻게 알 수 있습니까? 이에 대한 답변은 간단치 않지만, 다음과 같은 부가질문의 답을 고민해보면 당신이 스스로 결론을 도출할 수 있으리라고 본다.

- 현재의 영업생산성 평가지표에 만족하는가? 그렇지 않다면, 영업팀 직원을 늘리지 않은 채 생산성을 얼마나 개선할 수 있는가?
- 현재의 잠재 고객 발굴 파이프라인 평가지표에 만족하는가? 그렇지 않다면, 어떻게 개선할 수 있을까?
- 영업 목표에 관한 타임라인을 현실적으로 관리하고 있는가? 미래의 매출 증가세를 과대평가하거나 과소평가하고 있지는 않은가?
- 경쟁사를 앞지르기에 충분할 만큼 공격적으로 사업을 추진하고, 멀리 내다보고 있는가?
- 영업팀이 경영진의 목표치와 타임라인을 수용하고 있는가? 영업팀이 그 목표를 자기 일처럼 여기고 목표 달성을 위해 헌신하고 있는가?

너무 일찍 영업팀 직원들을 다 뽑아놓는 것은 스타트업 경영자들이 흔히 저지르는 실수 중 하나다. 판매실적을 잘 낼 지원자와 그러지 못할 지원자를 구분할 방법도 모르면서 직원을 늘리는 실수를 저지르는 스타트업 경영자도 많다. 그런가 하면 모든 조건을 충족해 이제 판매 증가를 위한 투자에 주력해야 하는 시기에 투자를 주저하는 경영자도 많다. 이처럼 경영자가 실수하기 쉬운 매출 문제와 해법을 더 깊이 있게 이해할 수 있도록, 내 경험담 세 가지를 예로 들어 설명하고자 한다.

데이터도메인: 캐즘을 넘기 전에 영업을 서두르지 마라

나는 데이터도메인 CEO로 취임하고 한참 뒤까지 정규직 영업사원을 1명도 채용하지 않았다. 당시 우리는 먼저 프로덕트 마켓 핏product-market fit(성장 잠재력이 있는 시장에서 필요로 하는 제품을 개발하는 것―옮긴이)부터 달성해야 했다. 그런 후에야 제프리 무어의 《캐즘 마케팅》에서 이야기한 캐즘을 뛰어넘기 위해 시도할 수 있었다. 우리는 아직 지속적인 판매 실적을 내기 위한 체계적이고 반복 가능한 프로세스를 확립하지 못한 상태였다.

처음 채용한 영업사원은 기술 분야를 잘 알고 있었고, 잠재적 고객사의 기술 전문가들과 관계를 형성하는 데 능했다. 그는 우리 회사를 지지하고 도와줄 유통 채널 파트너들을 알고 있었고, 유통망을 뚫을 방법을 차례차례 모색했다. 초기 유통망을 뚫는 과정은 명확히 규정되고 반복 가능한 판매 프로세스라기보다는 비즈니스 개발에 가깝다. 비즈니스 개발 과정에서는 모든 측면을 개별적으로 해석하고, 변화하는 상황에 즉시 적용해야 한다. 가격과 계약 조건조차 유동적이다. 이와 대조적으로, 판매 프로세스는 체계적이고 표준화되어 있다.

그 영업사원은 데이터도메인에서 매우 성공적으로 다년간 근무했다. 하지만 그의 비즈니스 개발 스타일은 느리고 인내심을 요구하는 것이어서 다른 직원들이 따라 할 수 없었다.

두 번째로 채용한 영업사원은 첫 번째 영업사원과 같은 기술이 없었고, 우리 회사에서 실패했다. 그는 훨씬 더 틀이 잡혀 있는 기성 기업의 영업팀에 적합한 인물이었다. 당시 우리 회사는 그런 전통적 유형의 영업사원이 성과를 내기에 적합하지 않은 환경이었다. 아직 제반 환경이 갖춰지지 않은 상태에서 무작정 영업만 나선다고 성과를 낼 순 없었다.

데이터도메인은 대중시장을 공략하기 위해 제품을 업그레이드하는 동안 영업사원 수를 아주 조심스럽게 천천히 늘렸다. 당시 데이터도메인의 성과와 역량은 제한적이었기에 성공적으로 판매할 수 있는 제품 수 역시 얼마 되지 않았다. 1년 넘게 지나서야 더 채용했지만, 여전히 영업사원 수는 손으로 꼽을 정도로 적었다.

그러는 동안 영업사원들을 지원해 잠재 고객 발굴에 나섰다.

초기 판매 과정에서 넘어야 하는 큰 난관은 부족한 수요다. 그래서 몇 안 되는 영업사원들에게 바로 막대한 수의 리드lead(제품에 어느 정도 관심이 있어서 연락처 등 일정 수준의 정보를 주는 잠재 고객—옮긴이)를 담당하게 했다.

소수 영업사원이 다수 잠재 고객의 영업 깔때기sales funnel(제품 인식부터 구매에 이르기까지 판매 유입 경로를 일컫는다—옮긴이)를 맡아 바쁘게 일하니 영업팀의 생산성과 에너지가 올라갔다. 그동안 우리는 판매 증가를 막는 난제들을 풀 방법을 궁리하고 다른 회사들이 어떻게 극복하고 있는지 연구했다. 만약 잠재 고객에 대한 지원을 아꼈다면, 영업팀은 사기가 떨어져 일주일에 회의 한두 번 열고 손 놓고 있었을 것이다. 그러면 우리는 잠재 고객을 실제 매출로 연결하지 못해 굶어 죽었을 것이다. 활발한 업무 활동에 대한 지원은 직원들의 사기를 올리고 결과를 내는 데 필수적이다.

영업사원들을 채용하고 유지하는 비용에 비하면, 잠재 고객 지원 비용은 그리 크지 않았다. 사업 초기 단계에 영업직에 지원하는 이들은 최소한 첫해에는 일정 보상을 받아야 한다고 주장한다. 그래서 우리는 정규직 영업사원 1명당 개발자 3명씩 붙여서 잠재 고객 발굴 업무를 지원했다. 당시 데이터도메인 규모를 생각하면 파격적인 지원이었다. 우리가 걱정한 것은 캐즘을 넘지 못해 대중시장으로 진입하지 못하는 사태였다. 이 초기 단계에서 우리가 채택한 전술은 당시 상황만 넘기고자 내놓은 특단의 조치였고, 먼 훗날까지 유지할 생각은 없었다.

데이터도메인의 제품군이 탄탄해진 몇 년 뒤, 판매 촉진에 나섰다. 가장 먼저 영업사원을 더 채용했다. 이전에는 어떤 자질을 갖춘 지원자가 영업에 적격인지 몰라 어림짐작으로 뽑았지만, 이제는 영업사원으로서 필요한 자질을 갖춘 지원자들을 채용할 수 있었다. 그런 다음에는 잠재 고객을 잘 설득해 실제 구매로 연결하고 가시적으로 영업생산성을 올릴, 예측 가능하고 체계적인 프로세스를 교육했다.

우리는 한 분기 내에 점진적·제한적 영업 단계에서 적극적 영업 단계로 전환했다. 너무도 신속하게 영업 전략을 변경하고, 그것을 너무도 잘 실행했다는 점에 이사회 멤버들은 충격을 받았다. 수년간 주의 깊은 행보를 강조하며 자원을 보존해온 우리가 이번에는 정반대로 자원을 맹렬하게 투입해 영업 활동에 나섰으니 말이다.

이것은 어려운 결정을 거쳐, 또는 신념의 변화로 생긴 일이 아니다. 우리는 극적인 방향 선회를 뒷받침할 수치를 확보했다. 사실 한두 분기 일찍 그런 선택을 할 수도 있었다. 하지만 제반 조건을 모두 갖출 때까지 기다렸고, 그동안 영업 활동을 적극적으로 준비해온 영업팀은 재빨리 행동에 나섰다.

스노우플레이크: 좀비가 아니라 킬러를 고용하라

내가 CEO로 취임한 시점에 스노우플레이크는 급성장 중이었지만, 1달러 매출을 발생시키기 위해 영업과 마케팅 비용으로 1달러 이상을 쓰는 기업이었다. 전 경영진은 자원을 맹렬히 투입했지만, 그런 투자가 왜 결과로 이어지지 않는지 알지 못했다. 그저 회사가 비효율적으로 판매한 탓일까?

우리는 이 사태를 면밀히 분석했다. 그 결과 한 가지 사실이 명확해졌다. 스노우플레이크의 글로벌 영업팀에는 가망 없는 협상을 끝내지 않고, 막연한 전망에 따라 영업 파이프라인을 늘려 비용을 초래하는 직원이 많았다. 이들은 마치 '좀비' 같았다. 스노우플레이크의 성장은 꾸준히 높은 영업생산성을 보여준 소수 직원이 주도했다. 이들은 '킬러'라고 할 만했다.

우리는 이것이 실행의 문제라고 판단했다. 뉴욕에선 잘 팔리는데 애틀랜타에선 잘 팔리지 않는다면, 제품에 문제가 있다고 볼 순 없지 않겠는가. 당시 스노우플레이크의 문제는 영업을 실행하는 과정에 있었다.

소수 직원이 대부분의 매출을 일으키고, 대다수는 매출에 기여하지 못하는 좀비로 남는 것은 초기 단계 기업들에서 꽤 흔히 보이는 현상이다. 이런 현상의 원인은 대개 무차별적으로 채용하는 데 있다. 표준화되고 효과적인 영업 프로세스의 부재도 원인이다. 스노우플레이크의 전 경영진은 어느 직원이 어느 직무에 적합한지 주의 깊게 또는 체계적으로 파악하지 않은 채 너무도 빨리 영업팀 인원을 늘렸다. 그리고 영업팀은 영업생산성을 높이기 위해 유용한 가이드를 충분히 받지 못했다. 그들은 각자 알아서 그런 방법을 찾아내 실적을 달성해야 했다. 그러니 전 직장에서 영업 스킬을 배워 온 일부 직원이 좋은 실적을 내고, 나머지는 저조한 실적을 낼 수밖에 없었던 것이다. 똑같은 수준의 마케팅 지원을 받고, 똑같은 제품을 팔아도 이런 차이가 발생했다.

문제의 원인 중 일부는 스노우플레이크가 채용 과정을 대부분 아웃소싱했다는 데 있었다. 내가 보기에 이것은 어떤 영업조직에서도 큰 실수다. 영업관리자가 반드시 가져야 하는 스킬이 하나 있다면, 바로 채용 스킬이다. 채용은 영업관리자가 직접 해야 한다. 인재 모집은 성공적인 영업관리에 너무도 핵심적인 요소이기 때문이다. 유능한 영업관리자는 끊임없이 채용하고 해고하는 과정에서 어느 지원자가 킬러 유형의 직원이 될지 알아보는 눈을 기른다. 또한 영업팀 직원을 늘리려면 어떤 조건들이 충족되어야 하는지 이해한다. 영업관리자들은 다음 신입사원을 어디로 보내야 할지, 어느 곳을 공략해야 하는지 등을 알려준다. 그들은 영업사원들의 생산성을 높일 책임이 있고, 회사는 그들에게 의존해 매출을 늘린다.

우리가 채용 과정의 아웃소싱을 중단하고, 영업관리자들에게 더 나은 영업사원을 채용하는 방법을 가르치고, 신입사원 훈련 과정을 개선한 후 스노우플레이크의 영업생산성은 크게 증가했다. 신입사원을 바다에 빠뜨려 익사하든 헤엄치든 알아서 하라는 식이었던 스노우플레이크는 더 유망한 지원자를 채용하고, 체계적이고 검증된 훈련 과정을 제공하게 됐다.

서비스나우: 생산 능력을 키울 최적의 타이밍을 포착하라

내가 CEO로 취임할 무렵, 서비스나우의 영업팀은 규모는 작지만 생산성이 높고 1인당 매출이 갈수록 증가 추세를 보였다. 영업사원들은 자신들의 성공에 자부심을 느꼈고 에너지와 열정이 넘쳤다. 2011년 서비스나우의 영업팀 직원 수는 연초나 연말이나 동일했다. 그해에 공석도 없었고 신입사원도 없었다. 그럼에도 그해에 서비스나우의 매출은 거의 2배로 늘었다. 나는 이를 영업 활동을 증가시킬 때가 왔음을 명백히 알리는 신호라고 봤다. 서비스나우는 각 부서에 투입할 자원이 충분치 않았지만, 영업팀과 관련 부서들에 대한 지원을 늘리는 것이 우리의 최우선 업무가 되어야 했다.

우리는 영업 능력을 증진하기 위해 대규모 채용을 실시했다.

6개월 만에 영업팀 직원 수가 2배 이상으로 늘었다. 많은 인재를 단시간에 모집하는 건 여간 어려운 일이 아니었다. 나는 전 직장인 EMC에서 상당수 직원을 데려왔고, 이 때문에 EMC에선 난리가 났다.

영업 결과를 암시하고 예측할 수 있는 지표로 영업사원들에게 할당되는 쿼터quota라는 것이 있다. 쉽게 말해, 각 영업사원이 달성해야 하는 판매 목표치다. 쿼터를 할당받은 영업사원은 생계를 유지하려면 이를 달성해야 하기에 쿼터는 영업사원의 노력을 강요하는 수단이 된다.

이 대목에서 서비스나우 사례의 역설이 있다. 정적인 저성장 기업에선 영업생산성 증가가 긍정적 평가지표로 간주된다. 반면 고성장 기업에선 영업생산성 증가가 부정적 평가지표로 간주된다. 경영진이 영업사원을 빨리 충원하지 않았다는 뜻이기 때문이다. 내가 CEO로 취임할 무렵 서비스나우의 영업생산성은 너무 높았다. 그 후 우리가 대규모 채용을 진행했기에 이후 몇 분기 동안 영업생산성은 낮아졌다. 하지만 이는 문제가 아니었고, 오히려 좋은 신호였다. 영업팀의 증원이 극적인 매출 증가세로 이어질 테니 말이다.

성공을 지원하고 지켜보라

엔진이 고장 난 자동차의 연료탱크에 기름을 집어넣는 것은 무의미한 짓이다. 마찬가지로, 세상의 모든 영업사원을 채용한들 적합한 제품과 적합한 시장, 수요 창출 체계와 잠재 고객 발굴 체계, 잠재 고객을 실제 고객으로 바꿀 영업 방법이 없으면 무용지물이다.

영업팀이 수렁에 빠져 있다면, 경영진이 수립한 목표치와 타임라인에 못 미치는 성과를 냈다는 사실을 불평하기만 해선 안 된다. 문제가 무엇인지 파악하기 위해 여러 가지 질문을 던져라. 문제가 무엇인지 이해했다면, 그 즉시 문제를 줄이기 위한 과감한 조치에 착수하라. 그저 평가지표가 저절로 개선되길 기다려선 안 된다. 저성과를 공격적으로 관리하고, 가능하면 직원 수를 줄이고, 영업 잠재력을 영업산출량으로 바꿀 확률이 가장 높을 때 직원 수를 늘려야 한다. 영업관리자가 이전보다 높은 영업산출량 기록을 세운 지역의 영업팀 인원을 늘리고, 그 반대의 경우에는 영업팀 인원을 줄여라. 상황을 파악하지 못한 지역의 영업팀은 인원을 늘리지 마라. 그것은 영업관리가 아니라 그저 잘되길 기도하는 것에 불과하다.

그리고 영업사원들이 숙련되고 생산적인 관리자와 동료를 비롯해 필요한 자원을 지원받게 하는 것도 중요하다. 실행할 수 있는 계획이나 지원도 제공하지 않은 채, 영업사원들이 알아서 하라고 툭 던져놓아선 안 된다. 이것은 실패가 예정된 길이다. 영업사원들만 실패하는 것이 아니라 실패를 초래한 리더의 평판도 깎이기 마련이다. 그런 리더의 소문이 외부에 퍼져 직원을 채용하기 어려워지고, 기업은 쇠퇴의 사이클로 접어들 것이다.

그런 일이 벌어지게 방치하지 마라. 우선 직원들이 성공할 수 있도록 지원하고, 그들의 성공을 지켜보라.

12장

빠르게 성장하거나 서서히 사라지거나

왜 성장에 집중해야 하는가

'빠르게 성장하거나 서서히 사라지거나Grow Fast or Die Slow.'

글로벌 컨설팅 그룹 맥킨지앤컴퍼니McKinsey & Co가 1980년부터 2012년까지 수천 개 소프트웨어 기업과 서비스 기업에 대한 연구를 토대로 2014년에 발표한 보고서의 제목이다. 보고서는 기업에 장기적 성공의 원동력이자 예측변수라는 측면에서 성장만한 요소가 없다고 결론 내렸다. 맥킨지는 연간 성장률이 60퍼센트 이상인 '초성장 기업'의 주주총수익률이 연간 성장률이 20퍼센트 미만인 중위 성장 기업보다 5배 이상 높았다고 분석했다. 또한 초성장 기업은 연간매출액 10억 달러에 도달할 확률이 여타 기업 대비 8배에 달했다.

맥킨지는 신생 기업 평가에서 성장이 이익률이나 비용구조보다 중요한 요소임을 발견했다. 성장률이 높아진 기업은 수익성이 개선된 기업보다 가치가 2배 증가했다. 한편, 비용구조와 성장 간에는 상관관계가 보이지 않았다.

월스트리트 금융사들은 컨설팅 그룹의 보고서가 없어도 성장의 마법을 예전부터 잘 알고 있었다. 초성장 기업들은 상장 이전에도 이후에도 높은 가치 배수valuation multiple을 적용받아 영업이익 대비 큰 시가총액을 기록한다. 모든 비즈니스 리더의 역할은 기업가치를 늘리는 것이니, 당신은 그들이 모두 성장에 집착할 거라 예상할지 모른다. 하지만 틀렸다. 성장을 가장 앞선 우선순위로 생각하는 경영자는 거의 없다. 심지어 상당수 경영자는 저성장 기업으로 머무는 것에 만족하는 것처럼 보이기도 한다. 왜 그럴까?

불확실성과 공포가 성장의 발목을 잡는다

주요 이유는 성장의 중요성을 진정으로 인식하는 리더가 너무도 적다는 점에 있다. 그들은 빨리 수익 상태에 도달하는 것이 자신의 임무이고, 수익성을 높이면 성장이 뒤따른다는 잘못된 믿음을 가지고 있다. 이는 기업가치가 창출되는 원리와 투자자들의 사고방식을 잘못 이해한 결과다. 스타트업이 수익을 내기 시작하면, 투자자들은 해당 스타트업이 미래 성장에 투자할 방법을 모르거나 성장 기회를 더는 찾지 못하는 거라고 결론 내린다. 투자자들은 아직 기업이 수익을 내길 기대하지 않는다. 오히려 스타트업 경영자가 왜 초기 이익을 사업에 재투자하지 않는지 의문을 품는다. 스타트업이 성장하려면 자원을 맹렬히 소비해야 한다는 사실을 알고 있기 때문이다. 그래서 투자자들의 돈이 필요한 것 아닌가.

나는 실제 수익성과 '내재적 수익성inherent profitability'을 구분해서 생각해왔다. 고성장 기업에서는 보통 재무제표에 수익성이 왜곡돼 나타난다. 현재 지출하는 비용이 미래의 매출을 낳는데, 이 점이 재무제표에는 표시되지 않기 때문이다.

여기서 생각해볼 질문이 있다.

- 미래에 대한 투자를 모두 멈추면 수익성이 어떻게 될까?

내재적 수익성은 단위경제unit economics(비즈니스 모델에서 가치를 창출하는 최소 단위. 예를 들어 유료 고객 1명이 기여하는 이익 크기를 계산하는 것—옮긴이)나 손익계산서의 매출총이익에 따라 결정된다. 만약 매출액으로 비용을 모두 감당할 수 없는 상황이 이어진다면, 해당 사업은 수익 상태에 도달하지 못한다.

그다음으로 생각해볼 질문은 이것이다.

- 사업 규모가 커지면 운영 효율성이 높아질까?

이 두 질문의 답을 찾아보면, 특정 사업의 내재적 수익성이 어떤지 이해할 수 있을 것이다.

예를 들어, 사업 초기에 매출액의 20퍼센트 이상이 판매관리비로 나갔다고 치자. 하지만 시간이 갈수록 사업 규모가 커지면서 이 수치가 10퍼센트 밑으로 떨어지리라고 기대할 수 있다. 매출이 증가한다고 해서 비용도 그에 비례하여 늘어나는 것은 아니다. 재무제표는 당기 이익과 당기 비용에만 초점을 맞추기에 사업의 내재적 수익성과 괴리가 있다. 회계만 신경 쓰다간 사업의 더 큰 부분을 못 볼 수도 있다.

내 경험상 성장에 대한 공포는 성장에 대한 무지보다 더 큰 문제다. 리더들은 너무 많은 자원을 소모하는 사태를 맞이하거나, 회사의 한정된 자원을 어디에 투자할지 선택하기를 두려워한다. 어떤 리더는 회사가 너무 커지면 자신이 회사 통제권을 잃을 것이라고 걱정하기도 한다. 심지어 성장에 전력투구하다가 미끄러져 망신을 당할까 봐 두려워하는 리더들도 있다.

그래서 그들은 안전한 플레이를 선택한다. 하지만 적당한 사업에 안주한다고 해서 그 사업을 유지할 수 있다는 보장은 없다. 경쟁사들이 고객을 빼 가려고 온갖 방법을 동원할 것이기 때문이다.

사업이 힘들어질 때, 실패를 인정하고 포기하길 두려워하는 것은 어쩔 수 없는 인간의 본성이다. 새로운 영업 부문 부사장이 문제를 해결해주리라고 기대할 수도 있고, 어쩌면 이사회가 신임 CEO 선임을 결정할지도 모른다. 어쨌거나 모든 사업이 성공할 운명은 아니라는 간단한 현실을 인정해야 한다. 시장의 목소리에 귀를 기울이면 사업을 접어야 할지 계속해야 할지에 대한 신호를 받을 수 있다. 어떻게든 사업을 지속할 수 있다고 해서, 그것이 지속할 가치가 있는 사업이란 뜻은 아니다.

저성장 기업들은 좀비처럼 변한다. 이런 기업들은 차라리 빨리 망하는 편이 나을지도 모른다. 빨리 망하면 최소한 모든 사람이 가망 없는 사업에 더는 돈을 버리지 않고, 자신의 능력과 자본을 더 유망한 신사업에 투자할 수 있을 테니까.

실리콘밸리에는 악명 높은 캐즘에 빠져 몇 년이고 헤매고 있는 기업들이 많다. 이런 기업들의 벤처캐피털리스트와 경영진은 언젠가는 캐즘을 극복할 것이라는 희망을 계속 품는다.

나는 종종 이런 벤처기업 관계자들에게 개인적으로 조언하기도 했다. 초기에 나는 순진하게도, 해당 기업의 운영 효율성부터 살펴봤다. 하지만 그것은 타이타닉호의 의자 배치를 바꾸는 것

과 같았다. 경로를 바꾸지 않는 한, 타이타닉호는 가라앉을 운명
에서 벗어날 수 없다.

즉, 캐즘에 빠진 벤처기업은 '사업의 상업성이 있는가'라는 질
문을 직시해야 한다. 캐즘에 빠진 사업이 탈출 속도에 도달하려
면, 많은 차별화가 필요하다. 현재 상태를 근본적으로 바꿀 필요
가 있다. 사소한 변화만으로는 사람들의 주목을 받을 수 없다.

더 높은 목표를 이루는 성장 모델

다른 기업의 CEO들을 만나는 자리에서 나는 종종 자사의 성장
모델을 설명해보라고 말한다. 다시 말해, 이런 질문을 던지는 셈
이다.

- 최적의 실행을 할 경우, 회사가 얼마나 빨리 성장할 것으로
  전망하는가?
- 회사의 성장을 제한하거나 가능케 하는 제약은 무엇인가?

놀랍게도, 멍한 표정으로 이렇게 반응하는 CEO들이 드물지 않다.

"성장 모델이요? 무슨 말인지 모르겠는데요."

가끔 이렇게 반문하는 CEO들도 있다.

"우리 회사가 얼마나 빨리 성장해야 한다고 생각하십니까?"

"이번 연도에 30퍼센트 성장할 것으로 보이는데, 충분하다고 생각하십니까?"

이런 질문들에 내가 어떻게 답할 수 있겠는가. 내가 경영하지도 않는 회사인데 말이다. 이 질문들의 답은 상대적이고, 상황마다 다르다. 특정 상황의 기업들에는 30퍼센트 성장이 최고치일 수 있다. 반면 30퍼센트라는 성장률이 저조한 것으로 평가받는 기업들도 있다. 바로 그렇기에 성장 모델이 필요한 것이다. 성장 모델은 성장 기회를 증진하거나 제한할 여러 요소를 이해하기 위해 필요하다.

성장의 진정한 한계를 평가할 수 없는 경우가 종종 있다. 그저 공식에 숫자를 집어넣어 계산한다고 해서 답이 나오는 건 아니다. 인간의 판단과 통찰이 필요하다. 계속 주의를 기울이고 고민해야 하는 이유다. 임원 회의와 이사회 회의는 현재 성장 모델의 토대가 되는 가정들을 검증하는 작업에 집중해야 한다. 이런 검증 작업을 하다 보면 종종 기존의 성장 목표치가 너무 보수적이었음을 알게 된다. 만약 그렇다면, 성장 모델의 목표치를 더 야심 차게 설정해야 한다.

한 예로, 초기에 나와 동료들은 데이터도메인의 성장 목표치를 너무 보수적으로 잡았다. 성급하게 목표를 높게 잡았다가 달성하지 못해 이사회의 신뢰를 잃을까 봐 두려워서였다. 경영진에게서 흔히 볼 수 있는 정서다. 하지만 이는 잘못이다. 지금의 나라면 아예 처음부터 낮은 목표치를 제시하기보다는, 나중에 미달할지언정 한계를 넘는 높은 목표치를 제시할 것이다. 기대가 행동을 크게 바꾸진 않더라도, 행동에 영향을 끼칠 순 있다.

이듬해 성장 목표치를 놓고 데이터도메인 영업팀 리더들과 나눈 대화가 기억난다. 나는 그들이 스스로 목표치를 정해주길 원했다. 그래야 경영진이 목표치를 부과하는 것보다 영업팀이 업무에 주인의식을 가질 것으로 생각했기 때문이다. 나는 그들이 최초로 내놓은 목표 전망치보다 25퍼센트 높은 목표치를 달성하려면 무엇이 필요한지 물었다. 영업팀은 그 목표치를 달성하기 위해 해야 하는 일들을 적은 긴 목록을 작성해 왔다. 나는 "그렇다면, 목록에 적은 일들을 하는 것이 어떻습니까?"라고 말했다. 목표 설정은 강력한 연쇄 작용을 일으킬 수 있다. 목표는 행동을 바꾼다.

2011년 초 서비스나우 이사회와 처음 인터뷰했을 때, 그들은 당연하게도 회사의 성장 궤도를 자랑스러워했다. 내가 서비스나우가 이전보다 더 빨리 성장할 수 있을지 묻자, 그들은 불쾌한 표정까지는 아니어도 미심쩍은 표정으로 나를 바라봤다. 나는 그들을 자극하고 싶지는 않았다. 그저 성장에 대한 그들의 생각을 알고 싶었을 뿐이다. 그것은 불편한 질문일 수 있지만, 계속

해서 던질 필요가 있다.

당신은 지금 성장을 위해 너무 방만하게 지출하고 비효율적으로 투자하는 상황에 놓여 있을 수도 있다. 상당히 희귀한 경우이지만, 더 높은 성장률과 더 큰 목표치를 향해 갈수록 비용을 최적화하는 데 능해질 수도 있을 것이다. 우리는 뭐든 이론을 만들 순 있지만, 최선의 학습법은 결국 직접 하면서 배우는 것이다.

내가 CEO로 재직한 모든 기업은 초성장 기업이었지만, 지금 내가 과거로 돌아간다면 더 생산적으로, 더 공격적으로 자원을 투입할 것이다. 성장에 의구심이 들 때는 과감하게 성장 목표치를 높여 한계를 넘는 성장에 도전하는 편이 낫다는 점을 지금까지 경험을 통해 배웠기 때문이다.

경쟁사를 멀찌감치 따돌려라

고성장은 위대한 기업을 경쟁사들과 갈라놓는다. 성장률을 큰 차이로 앞지르면, 경쟁사들을 심리적으로 압도할 수 있다. 고성장은 경쟁사들의 용기와 의욕을 떨어뜨린다.

한 예로, 2007년 데이터도메인은 여러 기업이 각축을 벌인 디스크 어레이disk array(여러 개의 디스크 드라이브를 하나의 큰 드라이브로 연결하는 데이터 스토리지 시스템—옮긴이)와 가상 테이프 라이브러리 시장에서 경쟁사들을 멀찌감치 따돌리는 성장세를 시작했다.

당시 데이터도메인과 경쟁하던 스토리지 솔루션 업체들은 최종 소비자인 기업 고객에게 솔루션을 판매하려면 유통 단계에서 도매상 격인 총판을 통해야 했다. 기업 고객들은 중요한 데이터 백업 솔루션을 스타트업이 아닌, 규모 있는 총판으로부터 구매했다. 그런 총판으로는 EMC, 히타치Hitachi, IBM, 넷앱이 있었다.

하지만 데이터도메인은 다른 판매 전략을 추구했다. 판매 조직을 직접 운영하기로 한 것이다. 기업용 소프트웨어 시장에선 흔하지만, 데이터 스토리지 솔루션 시장에서는 흔치 않은 방식이었다.

유통 단계에서 소매상 격인 대리점들은 데이터도메인 제품의 판매를 거부했다. 기존 시장 질서에 위협을 가할 수 있는 신생 기업인 데이터도메인과 거래했다가 총판과의 수익성 높은 사업 관계가 위험해질 수 있어서였다. 데이터도메인은 대리점을 거치지 않고 직접 기업 고객에게 제품을 판매했다. 우리의 판매 전략이 고객에게 먹혔고, 일부 대리점이 우리 제품을 판매하기 시작했다. 기업 고객들이 데이터도메인 솔루션을 구매할 수 있는지 문의하니 대리점들로선 어쩔 수 없었다.

이렇듯 강력한 제품과 영업 능력이 있으면, 그것을 지렛대로 삼아 시장의 역학 관계를 바꿀 수 있다. 제3자에게 유통을 의뢰하기보단, 가능하면 자체적인 유통망을 갖춰라. 당신의 제품을 당신보다 신경 써서 판매해줄 유통 업체는 없다.

기업 고객에게 제품을 직접 판매하기로 한 결정에 힘입어 데이터도메인은 궁극적으로 시장을 지배하게 됐다. 나중에 데이터도메인의 시장가치는 경쟁 업체의 15배로 평가받았다.

나는 스토리지 사업에서 우리 앞을 가로막는 괴물인 EMC를 꺾으려는 열망이 컸다. 그래서 매사추세츠주에 본사가 있는 EMC의 앞마당인 보스턴을 여러 차례 영업 목적으로 방문했다. 뉴잉글랜드 지역 기업들 입장에서 EMC 제품을 구매하는 건 거의 종교적 수준이라고 할 만했지만, 영업 활동을 포기하지 않았다.

우리는 데이터도메인에 시장점유율을 빼앗기는 현실에 지쳐 변화를 바라던 유능한 EMC 영업사원들을 빼 오기 시작했다. 이는 EMC 입장에서 단골을 잃는 것보다도 더 사기가 떨어지는 일이었다. 대기업에 도전할 때는 다소의 적개심을 품고 거친 태도로 밀어붙이는 것이 도움이 된다.

EMC는 데이터도메인의 성장을 억누르기 위해 우리가 보스턴에서 한 것처럼 우리 고객을 빼내려는 시도를 포함해 모든 수를 썼다. 하지만 아무 효과를 보지 못했다. 우리의 성장 모멘텀은 이미 너무도 강력했다. 결국 EMC는 데이터도메인에 대한 적대적 인수 · 합병 절차에 착수할 수밖에 없었다.

일정 규모에 도달한 기업이 계속 성장하는 방법

작은 스타트업 상태일 때 성장은 힘든 과제다. 그러나 일정 규모에 도달한 이후에도 계속 성장하는 것은 더더욱 힘든 과제일 수 있다.

사업이 일정 규모에 도달하면 사람들은 자연스럽게 이전보다 성장 속도가 느려질 것으로 예상한다. 그런 예상에 너무 빨리 굴복하지 마라. 매출 그래프가 더 높이 올라갈수록 성장 모멘텀이 떨어진다는 법은 없다. 기업의 성장에는 중력의 법칙이 적용되지 않는다. 성장을 제한하는 요소는 접근 가능한 시장의 크기다. 성장률 저하는 제품이 시장에 충분히 침투해 시장이 포화 상태에 이르렀을 때 시작된다.

원래 가장 인기를 끈 자사 제품의 후속작에 투자를 늘림으로써 성장 모멘텀을 유지하고자 하는 기업이 많다. 하지만 연속해서 혁신적인 제품을 내놓아 성공을 거두는 기업은 별로 없다. 우연히 훌륭한 제품을 내놓은 기업들은 이런 일을 다시 할 수 있으리라고 가정한다. 하지만 그러려면 최초의 성공이 우연한 요소들이 운 좋게 맞아떨어진 결과였음을 인정하는 지적 정직성과 겸손한 태도를 갖춰야 한다. 당신이 우연히 길에 떨어진 금을 발견했다고 해서, 그것이 당신이 금을 찾는 방법을 안다는 뜻은 아니다.

더 확률 높은 방법은 원래 제품을 인접한 시장에 맞게 변형해 판매하기 위해 이미 입증된 강점을 지렛대로 삼는 것이다. 하지만 너무 서둘러서 원래 제품 시장에서 너무 멀리 떨어진 시장까지 공략하진 마라. 길에 떨어진 금을 발견하는 행운이 또다시 찾아오길 바라지 말고, 접근 가능한 시장을 늘려나가는 동시에 판매 역량을 증가시키면 된다.

이것이 내가 합류하기 전에 이미 초성장 기업이었으나 고객에게 제공하는 핵심 가치를 확장할 여지가 많았던 서비스나우를 계속 성장시킨 방법이다.

우리는 목표 고객으로 설정한 IT 운영 부서 직원들뿐 아니라 인사과 직원들 역시 서비스 관리 플랫폼으로서 서비스나우 제품을 사용할 수도 있겠다는 신호를 포착했다. 우리는 인사과 직원들에게 마케팅하고 판매하는 방법을 알지 못했고, 그들이 쓰는 용어에도 익숙하지 않았다. 하지만 일단 그들에게도 제품을 판매하면 큰 시장이 되겠다는 생각이 들자, 그에 맞춘 제품을 개발하기 시작했다. 인사과 출신 영업사원들도 채용했다. 그들은 회사의 기존 직원들과 다른 용어를 썼다. 예를 들어, IT 부서 직원들이 '인시던트incident(데이터베이스 접근 실패, 사용자 인증 실패 등 업무 진행에 지장을 주는 장애─옮긴이)'라고 부르는 것을 인사과 직원들은 '케이스case'라고 부른다. 이런 작은 차이들은 제품 디자인부터 영업, 마케팅, 서비스에 이르기까지 모든 레벨에서 발견됐다.

우리는 인사과의 평가지표를 개별적으로 추적하기 위해 별도의 사업부문을 만들었다. 이 사업부문은 매우 우수한 성과를 내는 조직이 됐으며, 지금까지도 존재한다.

이런 성공으로 용기를 얻은 우리는 인사과 직원들을 위한 제품 개발 경험을 롤 모델로 삼아 다른 6개 서비스 영역의 업무도 서비스나우 플랫폼에서 처리할 수 있게 했다. 이 추가적 실험 중 일부는 실패하리라고 예상했지만, 뜻밖에도 모두 성공했다. 그리고 이 모든 업무를 서비스나우 플랫폼에서 처리할 수 있다고 홍보해 고객들을 늘려나갔다. 당시 우리는 서비스나우 플랫폼을 '맥가이버칼'에 비유했다. 하나의 플랫폼에 여러 가지 서비스가 들어 있다는 의미에서다.

내가 진입을 반대한 사업 영역은 고객서비스센터다. 이것은 우리의 기존 제품에서 너무 멀리 떨어진 시장으로 보였다. 고객서비스센터는 IT 지원 업무보다 훨씬 더 소비자 지향적이고, 훨씬 많은 상호작용을 필요로 한다. 하지만 이미 서비스나우 플랫폼을 회사 내부에서 고객 지원 업무용으로 사용하면서 큰 효과를 봤기에, 동료들은 고객서비스센터 업무용으로 서비스나우 플랫폼을 영업해도 통할 것으로 생각했다.

처음에 반대했던 나는 동료 임원들이 강력히 주장하자 마지못해 동의했는데, 얼마 안 가 그들이 옳았음이 드러났다. 우리는 다양한 디지털 고객서비스 업무를 처리하는 서비스나우 제품을

'글로벌 비즈니스 서비스' 제품으로 홍보하여 더 많은 고객을 확보했다.

이렇듯 제품이 최초에 제안한 가치에서 벗어난 여러 가지 기능을 고객들에게 제공함에 따라 서비스나우의 매출과 시가총액이 폭증했다. 서비스나우는 매출액 10억 달러를 돌파하는 데 12년이 걸렸는데, 20억 달러를 돌파하는 데는 2년밖에 걸리지 않았다. 워런 버핏Warren Buffett은 이처럼 기업 규모가 눈덩이처럼 커지는 현상을 '스노볼 효과snowball effect'라고 불렀다. 만약 1년에 10퍼센트씩 성장하는 방법만 안다면, 매출액이 100억 달러인 기업은 1년 뒤 매출액이 110억 달러가 된다.

성장 비용 절감하기

2019년 내가 CEO로 취임할 무렵 스노우플레이크 역시 초성장 기업이었다. 전년 대비 매출액이 2배 이상, 거의 3배에 가까웠을 정도다. 스노우플레이크 제품이 시장이 정말로 원하던 제품이었던 덕분에 이런 성장세를 구가할 수 있었다. 고객들의 요구를 충족하기에 한참 부족한 경쟁사들의 기존 제품들 때문에 시장의 수요는 억눌려 있었다. 스노우플레이크 영업사원들은 고객에게 극적인 업무 결과 개선을 쉽게 약속할 수 있었다. 그저 이렇게 말하면 됐다.

"한번 써보세요. 마음에 드실 겁니다."

막대한 잠재 수요와 강력한 제품이 만나니, 스노우플레이크의 성장세는 불에 기름을 부은 듯 더욱 거세졌다.

이제 당면 과제는 성장 추세를 유지하는 것이었다. 스노우플레이크는 엄청난 성장세를 보이는 가운데 영업과 마케팅 비용이 매출액보다 많은 상태였다. 성장을 수익성보다 우선해야 한다고 앞서 언급했지만, 1달러 매출을 올리기 위해 1달러 이상의 비용을 지불해야 한다면 이것은 엄밀히 말해 사업이라고 할 수 없다. 스노우플레이크의 전 경영진은 시간이 흐르면 저절로 해결되리라고 믿었지만, 이것은 그런 문제가 아니었다. 나와 동료들은 극적인 성장 추세 속에서 수익성을 개선하고자 잘못된 자원 배분을 개선하는 작업에 집중했다.

우선 보상 제도와 재무적 규율 간의 균형을 맞출 필요가 있었다. 이와 관련해 한 가지 원칙을 세웠다. 영업팀이 자신들의 보상 제도를 결정하도록 내버려 둬선 안 된다는 것이다. 그건 마치 고양이에게 생선을 맡기는 격이기 때문이다. 보상 제도가 성과에 어느 정도의 영향을 미치는지 파악하고, 매출에 비례하는 보상 제도로 수정할 필요가 있다.

인센티브 또한 프리랜서 영업사원의 목적만이 아닌 회사의 목적과도 정렬할 필요가 있다. 당시 스노우플레이크는 다년 계약을 허용했지만, 얼마 지나지 않아 바꾸었다. 그때까지는 영업 사원이 고객과 다년 계약을 맺어 매출을 올리는 비중이 꽤 컸다. 고객으로선 어차피 제품을 쓰기 위해 매년 지불해야 하는 비용 인데, 다년 계약을 체결하면 할인을 받을 수 있었다. 하지만 반대로 스노우플레이크 입장에선 계약 기간에 기존 고객들이 할인 혜택을 받으며 제품을 계속 이용했기에 수익과 매출 면에서 타격을 입었다.

그 외에 계약액과 소비량도 균형을 맞출 필요가 있었다. 영업 사원들은 계약액에 따라 보상을 받았기에 계약액만 신경 썼다. 반면 회사에선 고객의 소비량에 따라 매출이 결정됐기에 소비량 만 신경 썼다. 이 둘의 균형을 맞춰야 영업 비용을 매출과 정렬 할 수 있었다.

영업사원 보상 제도에 대한 재무적 감독과 규율의 중요성은 아무리 강조해도 지나치지 않다. 유능한 영업사원을 채용하고 계속 붙들어두기 위해 더 후한 보상 제도를 운영하고 싶다는 유혹을 느낄 때도 있을 것이다. 하지만 재무건전성을 포기하는 후한 보상 제도는 치명적인 실수가 될 수 있다. 재무건전성을 포기하는 경영진의 선택은 영업사원의 계약 조건을 결정하는 시기뿐 아니라 매일, 매년 회사에 영향을 미친다.

AMP
IT UP

13장 ·

회사가 커져도 공격적으로 임해라

성장의 역설

리더들은 종종 회사가 성장하고 발전하는 과정에서 기업의 자연적 생애주기에 적응하지 못하는 함정에 빠진다. 사업이 안정되고 사원 수가 500명인 기업을 사원 수가 10명인 스타트업처럼 경영하면 거의 틀림없이 실패한다. 하지만 역설적이게도, 사원수 10명의 스타트업이 보여주는 공격성이 없다면, 안정된 사업을 영위하는 기업은 한계를 넘는 잠재력을 다 발휘하지 못할 수 있다.

기업의 성장 과정에서 나타나는 3개의 주요 국면과 각 단계에서 요구되는 리더십을 살펴보자.

배아 단계의 스타트업

스타트업 성장 과정의 첫 단계인 배아 단계embryonic stage에서는 아이디어의 실행 가능성을 평가하게 된다. 초기 자본을 투입해서 아이디어를 적용해 제품을 개발하고 최초 제품을 생산하며, 몇 차례의 자금조달 단계를 거친다.

이 시기의 스타트업은 보통 최초 제품을 생산하는 작업에 극도로 집중하는, 서로 긴밀히 연결된 소집단이다. 10명 남짓, 종종 대여섯 명에 불과한 스타트업 공동창업자들이 얼마나 많은 일을 해낼 수 있는지 지켜보면 늘 경이로울 따름이다. 해당 기업은 이 정도로 높은 생산성에 다시는 도달할 수 없을 것이다.

배아 단계의 스타트업에서 CEO는 제품 개발이나 제품운영 같은 핵심 팀의 시간제 리더이기도 하다. 배아 단계에선 워낙 인원수가 적기에 관리자와 실무자를 가리지 않고 이 모든 사람이 작업에 매달린다. 벤처캐피털 회사 파트너가 마치 시간제 CEO처럼 배아 단계의 스타트업 운영을 관리하는 경우도 드물지 않다. 이 단계에선 아직 CEO 업무에 대한 수요가 크지 않기 때문이다.

예를 들어, 데이터도메인에서는 창업자 카이 리 박사가 제품 개발팀의 리더로 일했지만 CEO 직함을 달지는 않았다. 그는 두 주요 투자자인 벤처캐피털 회사 NEA, 그레이록의 도움을 받아

스타트업을 운영했다. 데이터도메인을 설립하고 18개월이 지나
서야 내가 최초의 CEO로 채용됐다.

형성 단계의 스타트업

스타트업의 형성 단계formative stage는 시장에서 테스트를 시작할
만한 제품을 개발한 시점에 시작된다. 이 단계에서는 마침내 잠
재 고객들에게 제품을 보고 만지고 냄새 맡게 할 수 있다. 잠재
고객들에게서 귀중한 피드백을 받고 가격과 고객 지원 모델에
관한 실험을 진행한다. 이 단계는 대중시장에서 관심을 끌 만한
제품을 개발하거나, 그저 기술만 가지고 있고 상업성 있는 제품
을 개발하지 못했음을 확인하는 것으로 끝이 난다.

　형성 단계에서 리더들은 더 큰 난제들에 직면한다. 가격, 포
지션, 제품 판매와 홍보 방법에 관한 중요한 결정을 내려야 하기
때문이다. 직원 수도 늘어 인사 업무를 처리해야 할 필요성이 생
긴다. 구입해야 하는 자원이 많아지기에 현금이 너무 빨리 고갈
되기도 한다.

　앞서 설명했듯, 영업사원 1명의 생산성을 높일 방법도 모르는
상태에서 영업사원 10명을 채용하는 것은 의미가 없다. 하지만
최근 5~6년 사이에 스타트업에 투자하려는 자금이 부쩍 증가해

지출 제한이 많이 사라졌다. 심지어는 이사회 멤버들과 투자자들이 더 지출하라고 격려하기도 한다.

형성 단계는 보기보다 더 위험한 단계이며, 여러 경영 전문가가 연구와 분석의 대상으로 삼을 정도다. 앞서 언급했듯이, 컨설턴트 제프리 무어는 《캐즘 마케팅》에서 형성 단계에 있는 스타트업이 뛰어넘어야 하는 독특한 난관을 표현하기 위해 '캐즘'이라는 용어를 사용했다. 일부 초기 수용자들의 관심을 끌기에 충분한 초기 제품을 만든 스타트업들은 대중시장 진입을 노리고 더 많은 돈을 투자받는다. 하지만 그중 다수가 작은 틈새시장과 지속 가능한 대중시장 사이에 있는 낭떠러지인 캐즘을 뛰어넘지 못하고 끝난다.

이 대목에서 기억해야 할 핵심은 어떤 시장이든 막무가내로 진입할 순 없다는 사실이다. 초기 제품이 지지부진한 반응을 얻었으면, 제품 설계 단계로 돌아가 고객의 피드백을 반영해 제품을 개선하는 작업을 해야 한다. 캐즘을 뛰어넘기 위해 지출을 2배, 3배 늘리는 것은 재앙으로 향하는 지름길이다.

그렇다면 지출을 늘려야 하는 시점은 언제일까? 바로 캐즘을 뛰어넘어 영업과 마케팅 지출 증가가 대중 고객의 확보로 이어지겠다는 확신이 들 때다.

아이러니하게도, 형성 단계에서 너무 많이 지출해 다음 단계에서 쓸 현금이 없는 경우가 비일비재하다. 언제 지출을 늘려야 할지 조급해할 필요가 없다. 고객들이 빨리 제품을 쓰고 싶어 달려들 테니까. 바로 그때가 지출을 늘려야 할 때이니 다음 단계로 넘어가기 위해 마음의 준비를 하라.

스케일업 기업

매출과 고용이 급증하는 스케일업scale-up(이를 테면 고성장 벤처) 단계에서는 반복 가능하고 효과적인 프로세스와 실행 모델을 구축해 성장을 극대화한다. 이제 더는 기초적인 부분을 배우는 단계가 아니다. 여기까지 왔으면 청년기까지는 아니어도 청소년기에 성공적으로 진입한 셈이다. 그러니 이제부터는 그에 걸맞은 행동을 시작할 필요가 있다.

데이터도메인 같은 일부 기업은 대중시장에서 관심을 끌기에 충분할 만큼 개선된 제품을 내놓기까지 몇 년이 걸린다. 데이터도메인은 오랜 시간을 들여 규모 확대를 준비해왔을 뿐 아니라 경영진이 건실하고 문화가 확실히 자리 잡았기에 성장을 가속화하는 데 막대한 자원을 투입하는 단계로 넘어갈 수 있었다.

한편, 캐즘을 가뿐히 넘는 기업들도 있다. 서비스나우, 스노우플레이크가 그 예다. 시장에 너무도 딱 맞는 제품을 내놓았기에 거의 처음부터 호응을 얻었다. 어쩌면 두 기업은 캐즘을 지나치게 빨리 넘어선 탓에 규모 확대 단계로 이행할 준비를 미처 하지 못했을 수도 있다. 두 기업은 규모 확대 단계로 넘어가는 과정 초입부에서 어려움을 겪었다.

2011년 내가 CEO로 취임할 무렵, 서비스나우는 명백히 캐즘을 뛰어넘었음에도 여전히 자원을 아끼고 있었다. 지출하는 현금보다 벌어들이는 현금이 더 많았고, 사업 운영으로 상당한 금액을 저축해놓은 상태였다. 하지만 핵심 부서들의 규모를 키우는 투자를 미룸으로써 스스로 목을 조르고 있었다. 2011년 한 해 동안 서비스나우의 사업 규모는 거의 2배로 커졌음에도 영업 사원 수는 연초나 연말이나 동일했다. 마치 스케일업 단계로 나아가길 거부하는 것처럼 보였다.

2019년 스노우플레이크도 비슷한 상황이었다. 당시 엄청난 매출 성장세와 제품 인기를 고려하면 명백히 형성 단계를 졸업한 상태였음에도, 아직 캐즘을 넘지 못한 스타트업처럼 행동했다. 스노우플레이크의 지출은 임의적이고 헤펐다. 2019년에 지출한 비용이 2억 달러에 달했지만, 마치 우리가 아직도 승용차 두 대에 나눠 타고 여행을 떠나는 친구들의 모임인 양 캘리포니아 주 북쪽 끝 타호 호수로 전 사원이 스키 여행을 떠나기도 했다. 회사의 운영 효율과 현금 효율은 암울했다. 조직적으로 회사 규모를 확대하기 위한 계획이 전혀 없었다.

형성 단계가 너무도 재밌어서 스타트업 리더들이 다음 단계로 넘어가지 않으려는 경우도 가끔 있다. 스타트업 초기의 낭만과 흥분을 포기하고 싶지 않아서다. 마치 대학을 졸업하고서도 사회생활에 나서는 대신 계속 캠퍼스에 머물고 싶어 하는 심리와 같다.

나 역시 필수적인 자원을 확충하는 결정을 너무 오래 미룬 적이 있기에 양심의 가책을 느낀다. 데이터도메인 CEO로 재직하던 시기의 일로, 5,000억 달러의 연간 매출액 추정치를 기록할 정도로 회사를 키운 다음에야 최고재무책임자를 채용했다. 당시 나는 일반 직원에 비해 고위 임원을 채용하는 데는 신경을 덜 썼다. 업무를 감독하는 임원을 덜 뽑은 것이 명백한 실수였음을, 마이크 스카펠리를 데이터도메인의 첫 최고재무책임자로 채용한 다음에야 깨달았다. 그때까지 나는 유능한 최고재무책임자가 회사에 얼마나 많은 가치를 더해줄 수 있는지 전혀 알지 못했다. 이후 나는 서비스나우, 스노우플레이크 CEO로 취임할 때마다 신뢰할 수 있는 파트너인 마이크 스카펠리를 최고재무책임자로 채용해줄 것을 이사회에 요청했다.

초기 단계의 활력을 유지하라

성장 과정을 앞서 설명한 세 단계로 구분해 생각하는 것은 스타트업 리더에게 도움이 된다. 각각의 단계마다 너무도 다른 운영 방식이 필요하기 때문이다. 다음 단계로 넘어가야 할 시점이 됐는데도 넘어가지 않고 예전처럼 경영하는 바람에 실패하는 리더가 많다. CEO와 이사회는 임원급 리더십팀이 이전 성장 단계에 머무르려 하진 않는지, 위험신호를 감지해야 한다.

배아 단계의 스타트업은 직원과 자원이 적기 때문에 거의 야생동물 같은 본능과 반사신경으로 운영된다. 나는 배아 단계에 있는 기업에서 누군가를 채용할 때마다 사업을 고결하게 또는 추상적으로 접근하지 않고, 사업에 직접적인 영향력을 발휘할 수 있는 인재를 찾아 나선다.

하지만 배아 단계에서 업무를 잘 수행한 인재일지라도 틀이 잡힌, 다시 말해 본능에 따른 즉흥적 결정을 억제하기 위해 복잡한 의사결정 시스템을 운영하는 기업에서는 저조한 성과를 낼 수 있다.

반대로, 수십억 달러 규모의 안정된 기업에서만 일해본 사람을 캐즘을 뛰어넘으려 노력하는 스타트업에 영입한다면 엄청난 부조화를 목격하게 될 것이다. 마치 지구인과 외계인이 함께 일하는 듯한 느낌이 들 수도 있다.

한 예로, 서비스나우 CEO 시절에 서비스나우보다 훨씬 큰 기업에서 좋은 평판을 쌓은 중역 한 사람을 영입한 적이 있다. 그는 자기 부서 직원을 대폭 늘리고, 거대한 프로그램을 출범하려고 계속 시도했다. 당시 서비스나우의 성장 단계에서는 적합하지도 않고 감당할 수도 없는 조치였다.

사람들은 대부분 어느 정도까지는 과거에 사로잡혀 살기 마련이다. 새로운 기업에 가서 역할을 맡아도, 과거의 경험으로 형성된 틀을 바탕으로 생각하기 십상이다.

하지만 가장 가치 있는 리더는 필요할 경우 과거의 경험을 제쳐두고, 백지상태에서 편견 없이 현재 처한 상황의 본질적 구조를 생각할 수 있는 인물이다. 그리고 스타트업 리더의 강인한 성공 의지, 대기업에서 필요한 조직적이고 외교적인 규율을 겸비한 인물이다. 기업이 처한 상황에 맞게 규모를 키우거나 줄이는 능력도 가장 가치 있는 리더가 갖춰야 할 덕목이다.

대다수 리더는 기업 규모가 커짐에 따라 원래 가지고 있던 성공을 향한 강인한 의지를 잃는다. 회사에 성공을 가져다주는 핵심 동인에 맹수처럼 집중하려는 본능을 잃고 마는 것이다. 조직 구조가 복잡해지고 제품의 제조·판매와 무관한 직원 수가 늘수록 기업 미션과 무관한 이슈에 시간을 낭비하기 쉬워진다. 전략가들은 많지만, 전략을 열렬히 실천하는 사람은 드물어진다. 게다가 직원들의 업무 집중력을 방해하는 요소들이 많아져 고객을 제대로 신경 쓰지 못하게 된다.

리더의 미션은 기업이 초기에 보여줬던 역동성을 유지할 방법, 기업 규모가 거대해짐에 따라 늘어나는 무기력증을 피할 방법을 알아내는 것이다. 내가 쓰는 기법 중 하나는 핵심 보직자들에게 다음과 같은 질문을 던지는 것이다.

- 이번 연도의 남은 기간에 단 하나의 일만 할 수 있다면 무슨 일을 하시겠습니까? 그 일을 선택한 이유는요?

이런 질문을 던지는 이유는 기업 규모가 커짐에 따라 다양한 계획을 동시에 진행하는 경우가 늘기 때문이다. 직원들이 여기저기 오가며 산만하게 일을 진행하느라 집중력을 잃는다. 업무의 우선순위를 제대로 생각하여 집중력을 회복하도록 노력하라.

나는 동료 임원들에게 비슷한 질문을 또 던진다.

- 우리가 지금 하고 있지는 않은데 시급히 해야만 하는 일이 하나 있다면, 그것은 무엇일까요?

이런 질문을 하는 이유는 일상 업무 활동에 매몰된 나머지 숲을 보지 못하는 우를 범하지 않기 위해서다. 지금 해야만 하는데 깜빡 잊은 일은 없는지, 늘 편집증적으로 고민하라. 반대로, 거의 가치가 없는데도 시간과 자원을 소모시키는 일을 하고 있진 않은지 늘 고민하라.

한 예로, 팬데믹 초기에 불필요한 출장을 연기하겠다고 발표한 기업이 많았다. 왜 글로벌 위기가 닥쳐서야 직원들의 활동 중 불필요한 활동이 있는지 점검하는가? 이런 일을 평소에 해낸다면 회사는 훨씬 홀가분한 몸집으로 필수적인 업무에 집중할 수 있지 않겠는가.

기업 규모가 작든 크든, 성공을 향한 강인한 의지를 유지하는 기업은 모든 종류의 불필요한 활동을 끊임없이 줄여나간다.

6부

전략을 전환하라

AMP
IT UP

기회를 실현하라:
데이터도메인 성장 스토리

지금까지 설명한 내용 중 상당 부분은 실행, 특히 기업 미션에 대한 집중력을 높이는 방법에 관한 내용이었다. 하지만 그렇다고 해서 전략이 중요하지 않다는 말은 아니다.

14장부터 16장까지는 데이터도메인, 서비스나우, 스노우플레이크에서 전략을 전환한 것이 어떤 효과를 일으켰는지 소개하고자 한다.

데이터도메인 전략의 교훈

데이터도메인에서 나와 동료들은 훗날 서비스나우, 스노우플레이크를 경영하는 데 큰 영향을 미칠 중요한 전략들을 학습했다. 데이터도메인은 2001년에 설립된 데이터 스토리지 회사다. 중복 데이터를 즉시 제거하는 인라인 디듀플리케이션 기술을 도입함으로써 테이프 라이브러리, 자동화 시스템 기술에 의존하던 기존 업체들에 비해 고객사의 데이터를 효과적이고 빠르게 백업하고 복구해주었다. 데이터도메인은 하나의 저장 공간에 이전보다 50배 많은 데이터를 백업할 수 있었다.

테이프 저장 기술은 컴퓨터 시대 초창기부터 애용됐다. 테이프 드라이브는 디스크 드라이브에 비해 가격이 쌌다. 그리고 드라이브에서 테이프를 빼서 별도의 공간에 저장해두었다가 나중에 데이터를 복구할 때 꺼내 쓸 수 있다는 장점이 있었다. 수십년간 데이터 보안 산업은 테이프, 드라이브, 자동 카트리지 로더, 라이브러리 스토리지를 만들고, 고객사에 테이프의 자동화 시스템과 유통 · 운송 · 보관 서비스를 제공하는 업체들로 구성됐다.

그런데 "테이프는 버려라! 신기술을 쓰자"라고 말하는 작은 기업이 나타나 전체 생태계를 위협했다. 그 기업이 바로 데이터도메인이다. 사람들은 처음에 이 장난스러운 슬로건을 비웃었지만, 데이터도메인의 대담한 시도는 대부분 성공을 거두었다. 데이터도메인이 성공을 거둔 비결을 살펴보자.

교훈 1: 경쟁사의 강점이 아닌 약점을 공략하라

시장을 장악하고 있던 기존 업체들이 고객들에게 인기가 있으면 시장점유율을 빼앗아 오기 어렵다. 하지만 데이터 스토리지 시장에서는 어떤 고객도 테이프 자동화 시스템을 좋아하지 않았다. 테이프 자동화 시스템으로 데이터를 백업하는 업무를 담당하는 IT 부서 직원들은 직급이 낮은 기술 전문가들로, 21세기에 어울리지 않는 낮은 수준의 데이터 백업 기술에 불만을 품고 있었다. 그들은 작업 과정에서 많은 불편을 느꼈다. 데이터를 복구하고자 할 때 데이터가 백업된 테이프를 찾지 못하거나 테이프에 이상이 생겨 데이터를 읽지 못하는 경우가 종종 발생했다.

그래서 그랬겠지만, 데이터 스토리지 박람회에 전시된 테이프 라이브러리 기계에 우리가 제작한 '테이프는 버려라!'라는 스티커가 종종 붙어 있기도 했다.

교훈 2: 비용 우위 경쟁에서 승리하라

기업들은 대량 구매 결정을 내릴 때 보통 IT 부서 직원들의 제품 선호도를 신경 쓰지 않는다. 주로 경제성을 보고 결정한다.

모든 사람이 기계식 디스크의 내재적 장점을 알고 있었다. 디스크는 빠르고, 신뢰성 있고, 사용하기 쉬운 저장 수단이다. 단점은 테이프보다 비싸다는 것이었다. 당시에는 아무리 싼 디스크 어레이를 사용해도 테이프에 비해 비용이 10배나 들었다. 경제성의 차이는 디스크로서는 넘을 수 없는 벽이었다. 이런 환경에서 데이터도메인이 매우 효율적인 인라인 디듀플리케이션 기능을 탑재한 제품을 고객사에 제공함으로써, 그 벽에 금이 가게 했다.

테이프 자동화 시스템은 고객사가 오늘 생산한 데이터가 어제의 데이터와 거의 차이가 없을 때조차 데이터를 그대로 백업하느라 하루가 꼬박 걸렸다. 반면, 데이터도메인은 데이터 중복 제거 기술을 도입해 스토리지 발자국storage footprint을 줄임으로써 백업 효율을 높였다. 예를 들어 첫날 백업한 데이터가 디스크에서 차지한 공간이 100이라면, 둘째 날은 10이 안 됐다. 첫날과 비교해서 중복되지 않는 데이터만 저장하기 때문이다. 매일 이런 식으로 백업을 했기에 스토리지 발자국이 조금씩만 증가했다. 데이터도메인이 개척한 데이터 중복 제거 기술이 데이터 백업과 데이터 복구 산업을 영구적으로 바꾼 이유다.

디스크는 데이터를 극적으로 압축하고 중복을 제거할 수 있기에, 테이프 시스템의 경제적 장점이 사라졌다. 고객사들이 디스크 대신 테이프를 선택하던 유일한 이유가 의미를 잃어버린 것이다.

교훈 3: 새로운 시장을 창조하기보다 기존 시장을 공략하라

이전에 없던 새로운 제품 카테고리를 창조하는 것은 마케팅 관계자들이 자주 얘기하는 꿈이지만, 그런 일을 자주 하는 기업은 별로 없다(아이팟, 아이패드 같은 새로운 제품 카테고리를 만든 애플은 예외다). 새로운 시장의 출현은 보통 산업 전반의 다양한 요소와 환경이 결합한 결과물이지, 한 기업의 혁신적 제품이 새로운 시장을 창조하는 경우는 드물다.

데이터도메인은 어느 쪽이었을까. 데이터도메인의 제품은 수십억 달러 규모의 기존 테이프 자동화 시장을 잠식했다. 데이터도메인의 잠재적 고객들은 이미 경쟁사들과 거래하고 있었지만 우리는 고객사에서 누가 데이터 스토리지 업무를 결정하는지, 그들이 얼마나 지출하는지 정확히 알고 있었다. 다시 말해, 데이터도메인의 영업사원들은 누구를 찾아가 제품을 설명해야 하는지 알고 있었다. 고객사의 IT 부서 직원들은 데이터도메인 영업사원들이 하는 말을 이해했다. 그들이 영업사원의 말에 호락호락 넘어가진 않았지만, 기존 제품보다 나은 기능을 제공하는 신제품 사용을 고려할 만한 전문 지식은 갖추고 있었다.

우리는 이 새로운 스토리지 제품 카테고리에 독자적인 이름을 붙이고자 했다. 하지만 우리가 새로운 제품 카테고리를 선도했음에도 시장은 우리의 의도를 무시하고 다른 이름을 붙였다.

우리는 테이프에서 디스크로 급격히 전환되는 추세에서 선두를 유지하기 위해 모든 노력을 기울였고, 독자적 제품 카테고리명을 만들진 못했지만 마침내 시장을 지배했다.

교훈 4: 먼저 초기 수용자를 집중 공략해 교두보로 삼아라

이미 자리가 잡힌 시장의 불편한 점 중 하나는 새로운 시도가 기존 업체들이 수십 년간 유지해온 편안한 관행과 마찰을 일으킬 수 있다는 점이다. 어느 분야든 나이가 들고 상대적으로 보수적인 전문가들은 신기술이 자신의 일자리와 생계를 위협할 가능성을 두려워한다. 반면 더 미래 지향적인 (그리고 상대적으로 더 젊은) 전문가들은 돌파적 혁신 기술에 흥분하고, 해당 제품을 빨리 써보고 싶어 한다.

이것이 제프리 무어가《캐즘 마케팅》에서 설명한 초기 수용자와 후기 수용자의 차이점이다. 두 집단에 같은 방식으로 판매하려 한다면 실패할 확률이 매우 높다.

핵심 전략은 초기 수용자를 먼저 공략하는 것이다. 그들은 (그리고 그들의 회사는) 흥미롭지만 아직 검증되지 않은 신기술을 시험 삼아 써보는 걸 덜 불편해하기 때문이다. 그들은 또한 더 나은 신기술이 나오면 빨리 써보고 싶고 동료들에게 신기술의 장점을 자랑하고 싶은 마음이 강한, 신기술의 전도사이기도 하다.

한편, 초기 수용자보다 훨씬 많은 수를 차지하는 후기 수용자들의 제품 선택 동기는 비용과 리스크 최소화다. 그들은 멋진 신기술을 처음으로 써보는 것에 관심이 없다. 이들에겐 신제품이 안전하고 비용이 절감되는 솔루션이라는 점을 입증해야 한다. 그래야 대중시장에 진입할 수 있다. 캐즘을 뛰어넘는다는 말은, 제품에 만족한 초기 수용자들을 교두보로 삼아 대중시장에 진입한다는 뜻이다. 후기 수용자들 입장에서 볼 때 초기 수용자들은 제품을 구입하기 전 참고하는 사용후기와도 같다.

교훈 5: 초기에는 가까운 곳에서 제품을 판매하라

가까운 곳에서 제품을 팔지 못한다면 멀리 떨어진 곳에서는 확실히 더 실패할 것이다. 가까운 곳에서 초기 고객들을 확보할수록, 그들과 더 수월하게 소통하고 유용한 피드백을 모을 수 있다. 그리고 고객이 가까이 있으면 더 많은 관심을 기울이고 자원을 투입할 수 있다. 실리콘밸리 기업들이 신제품을 출시할 때 인근 지역의 고객사부터 확보하려 하는 것도 이 때문이다. 실리콘밸리와 가까운 지역의 기술 기업 직원들은 실리콘밸리 기업과 비슷한 정신을 가지고 있고, 기술에 대한 이해도가 높은 초기 수용자들이다. 그들은 서로 인맥이 잘 구축되어 있고, 다른 회사의 지인이나 친구들에게 제품을 써본 경험을 얘기하길 좋아한다.

데이터도메인은 먼 지역의 기업 고객들을 공략하기 전에 캘리포니아주 북부에서 50개 고객사를 확보하기 위해 많은 노력을 기울였다. 우리는 고객의 데이터센터에 운송해 설치해야 하는 데이터 어레이를 판매했기 때문에 되도록 반경 100킬로미터 이내에 있는 고객을 확보하고자 했다. 이 범위 내에 있으면 간단하게 차 트렁크에 제품을 싣고 갈 수 있었다. 그리고 고객이 제품 교환이나 디스크 교체가 필요하다고 연락할 때도 언제든 신속하게 달려갈 수 있었다.

처음부터 전국적으로 또는 국제적으로 판매하려 하면 역량이 너무 넓고 얇게 분산돼, 사업 운영이 매우 어려워지기 쉽다.

교훈 6: 가능한 한 빨리 고객 최대에게 완성된 해법을 제공하라

고객이 다른 데서 나머지 해법을 찾아야 할 정도로 부분적 해법만 제공하는 것은 경쟁사에 틈새를 비집고 들어올 여지를 주는 셈이다. 고객이 경쟁사로 갈아타지 않도록 완전한 해법을 제공하려고 노력하라.

데이터 백업 시장을 지배할 기회를 잡기 위해서 데이터도메인 제품은 가장 큰 기업부터 가장 작은 기업까지 모든 기업에 경제적으로, 적합하게 쓰일 수 있어야 했다. 그런 제품을 처음부터 내놓을 수는 없었다. 하지만 우리는 가능한 한 빨리, 더 완전한 솔루션을 제공하기 위한 업무에 광적으로 집중했다.

우리의 디스크 어레이 제품은 파일 스토리지 시스템이라 다른 기업이 판매한 백업 소프트웨어 제품은 우리 제품에서 작동하기 어려웠다. 당시에는 모든 사람이 테이프에 데이터를 백업했으므로, 백업 소프트웨어도 완전히 테이프 자동화 시스템용으로 제작됐다.

테이프에 백업하는 관행이 너무도 깊이 뿌리 내린 나머지 일부 기업은 테이프 라이브러리를 모방한 디스크 어레이를 제작하고, 이를 '가상 테이프 라이브러리'라고 불렀다. 백업 소프트웨어는 테이프 또는 테이프를 모방한 디스크에서 작동할 수 있었지만, 그냥 디스크에서는 작동하지 못했다.

또 다른 문제는 당시 고객사들이 화재나 홍수 같은 재난으로 데이터가 사라지는 사태를 대비해, 여전히 백업 테이프를 제작해 별도의 장소에 보관해두길 원했다는 것이다. 오래된 관행은 잘 사라지지 않는다. 손상된 데이터는 로컬 백업으로 복구할 수 있었지만, 데이터센터를 통째로 파괴하는 재난이 닥치면 백업 시스템 자체가 파괴됐기에 뾰족한 수가 없었다. 그래서 고객들은 백업을 두 단계로 진행했다. 우선 24시간마다 데이터를 백업한 다음, 그 테이프를 안전한 장소로 빨리 옮기는 것이었다.

데이터도메인은 이 두 단계를 통합한, 네트워크 복제라는 솔루션을 개척했다. 네트워크 복제란 즉각적 데이터 복구 작업에 유용한 온사이트 백업onsite backup(서버 PC의 모든 데이터를 실시간으로 다른 PC에 백업하는 것—옮긴이)을 한 다음, 네트워크를 통해 멀리 떨어진 또 다른 데이터센터로 보내 비상 상황을 대비하는 솔루션이다. 네트워크는 한 번에 소량의 데이터만 전송할 수 있기에, 데이터 중복 제거 기술을 적용한 우리 제품은 네트워크 복제에 더 효율적이었다. 전날에 백업하지 않은 새로운 데이터만 네트워크로 전송함으로써 우리는 전체 문제를 해결할 수 있었고, 경쟁사들이 시장을 침범할 틈을 주지 않았다.

데이터도메인은 처음에 제한된 제품으로 시작했지만, 제품의 부족한 부분을 체계적으로 메움으로써 시장에서 아무도 무너뜨릴 수 없는 지위를 확보했다.

교훈 7: 정확한 해법이 되는 기술에 베팅하라

데이터도메인에는 중요하고도 큰 이점이 하나 있었다. 명확한 목적을 달성하기 위해 백지상태에서 시작한 기업이라는 사실이다. 우리는 데이터 백업과 복구보다는 데이터 스토리지에 초점을 맞췄다. 이는 고객들에게 더 호소력 있는 전략이었다. 스토리지는 기업 고객들에 필요한 핵심 기술이고, 백업과 복구는 그 기술의 적용일 뿐이기 때문이다.

우리의 전략은 가격과 성능 면에서 빠르게 개선되고 있던 인텔Intel 마이크로프로세서에 의존했다. 이와 대조적으로, 디스크는 기계장치라는 한계 때문에 성능 향상 속도가 느렸다. 우리는 디스크 성능 향상에만 의존해서는 경쟁에서 계속 이기지 못하리라는 걸 알고 있었다. 몇 년 사이에 성능이 획기적으로 진화한 인텔 CPU를 토대로, 데이터도메인은 결국 중복되지 않은 데이터만 전송해 전체 데이터를 전송하는 경쟁사들보다 효율적이고 빨랐다.

우리가 베팅한 것은 또 있다. 우리는 원래 가상 테이프 라이브러리 인터페이스를 만들고 싶지 않았다. 그것이 단기적으로만 쓰일 과도기적 기술이란 점을 알았기 때문이다. 그렇지만 가상 테이프 라이브러리 인터페이스를 고객에게 제공했다. 고객들이 결국 이런 인터페이스를 더는 사용하지 않으리란 점을 알았지만, 경쟁사들이 제공하는 기능이라 우리도 제공해야 했다.

교훈 8: 아키텍처가 가장 중요하다

다소 기술적 이해가 필요한 대목이지만, 나와 동료들은 세 기업에서 이 점을 반복해서 실천했다. 내 말의 핵심은 제품을 출시하기 전에 제품의 이상적인 아키텍처를 진지하게 고민하라는 것이다.

데이터도메인은 데이터를 디스크에 기록하기 전에, 중복된 데이터를 시스템이 즉시 걸러내는 인라인 디듀플리케이션 기술을 개발했다. 중복된 데이터를 걸러내는 것은 신속하게 처리하기 매우 어려운 작업이기에, 이 기술은 결국 데이터도메인에 비장의 무기가 됐다.

당시 경쟁사들은 2단계 프로세스 기능만 제공했다. 우선 데이터를 디스크에 저장한 다음에 중복된 데이터를 제거하는 것이었다. 번거로움과 추가적 비용은 차치하고라도, 백업 사이클이 다시 시작하기 전에 시간적 여유가 24시간밖에 안 된다는 문제점이 있다. 데이터의 양이 급증하는 추세에서 이런 2단계 프로세스를 24시간 안에 완료하기 불가능해지는 날이 머지않아 올 가능성이 있었다.

데이터도메인 제품은 이미 중복을 제거한 상태의 데이터를 디스크에 백업할 뿐 아니라, 백업 과정과 동시에 별도의 데이터센터에 데이터를 복제하는 과정을 진행하는 소프트웨어 아키텍처를 가지고 있었다. 한 번에 두 가지 일을 하는, 꿩 먹고 알 먹기 같은 효과를 거두는 아키텍처다. 우리는 이 장점을 홍보하기 위해 또 다른 마케팅 슬로건을 내걸었다.

"어서 줄을 서시오Get in line."

교훈 9: 일찍부터 전략 전환을 준비하라

시장점유율을 얻는 것만으로는 충분치 않다. 시장점유율을 얻은 다음에는 어떻게 성장 궤도를 유지할 것인가? 다음에 취할 행동은 무엇인가? 접근 가능한 시장을 어떻게 확대할 것인가? 성장의 벽에 부딪히기 전에, 전략을 수정할 필요가 있음을 인식할 수 있을까?

현재의 사업 계획을 실행하는 것과 차후의 전략 전환을 구상하는 것 사이에는 언제나 어색한 긴장이 있다. 만약 당신이 데이터도메인 CEO 시절의 나처럼 증폭된 CEO라면, 성장을 지속하기 위해 접근 가능한 시장을 찾는 것 같은 장기적 구상을 여유롭게 즐기긴 어려울 것이다. 그것은 마치 달리는 기차 앞에 철도를 까는 것과 같다. 이 작업에 착수한다면 속도를 늦추기가 너무 어렵다.

제품을 개발하고 고객에게 판매하고 시장에서 경쟁하느라 바쁜 와중에 나는 미래에 대한 골치 아픈 걱정을 하기 시작했다. 그러면서도 여전히 현재 진행하는 일들에 너무 신경을 쏟았고, 현재의 기회를 놓치지 않기 위해 절실히 노력했다. 이는 집중력의 문제가 아니었다. 애초의 예상을 넘어 시장에서 성공을 거뒀지만, 이 시장은 사방이 벽으로 둘러싸인 채 꽉 막혀 있었다. 여기서 쉽게 접근할 수 있는 인접 시장이 더는 없었다. 우리는 이미 네트워크 복제, 재해 복구 시스템 같은 인접 시장에 진입한 상태였다.

우리는 백업 소프트웨어 시장에 진입할 필요가 있었다. 백업 소프트웨어가 우리의 디스크 어레이를 구동시키는 소프트웨어이기 때문이다. 만약 시장 진입에 성공한다면 소프트웨어를 디스크 및 네트워크와 통합한 디스크 어레이를 출시하는, 추가적 혁신 기회를 얻게 될 터였다. 우리는 이런 혁신을 통해 매출을 2~3배는 거뜬히 늘릴 수 있으리라고 예상했다. 그래서 백업 소프트웨어 기술을 취득할 선택지를 찾아 나섰지만, 적합한 해법을 찾지 못했다. 백업 소프트웨어 회사들도 데이터도메인이 점유 중인 시장에 진입하려 하고 있었기 때문이다. 그들도 같은 생각으로 기회를 엿봤던 것이다. 게다가 그들의 매출과 자본 규모가 우리보다 컸다.

우리가 모색한 또 다른 돌파구는 프라이머리 스토리지primary storage(현재 사용 중인 프로그램과 데이터 정보를 임시 저장하는 장치—옮긴이) 시장 진입이었다. 백업 소프트웨어 제품을 통하지 않고 데이터 보호와 재해 복구 시스템에 접근하는 또 다른 방법으로서, 넷앱 같은 기업들은 이미 스냅샷snapshot이라는 솔루션을 판매하고 있었다. 넷앱의 제품은 데이터 볼륨의 스냅샷을 찍어 백업 카피 backup copy로 사용하는 것이었다.

데이터도메인은 핵심 사업을 잘 실행했고, 데이터도메인의 성장을 번번이 저지하려 시도한 세계 최대 스토리지 기업들과 맞서 싸웠다. 하지만 시장점유율을 높이는 데 너무 바빴던 나머지, 더 큰 전략적 맥락에 충분히 주의를 기울이지 못했다. 시장이 빠르게 발전함에 따라 기존의 모든 테이프 라이브러리, 디스크 어레이 제조사들도 기술 변화에 대응해 게임에 뛰어들었다. 그들은 모두 자사가 보유한 제품, 기술, 시장점유율을 지렛대로 삼아 우리를 꺾으려 했다.

데이터도메인 성장 스토리의 결말

우리는 핵심 시장을 뛰어넘어 성장하는 데 필요한 아이디어를 제대로 구상했지만, 끝내 실행하지 못했다. 2009년 EMC와 넷앱이 인수·합병 경쟁을 벌인 끝에 EMC가 데이터도메인을 인수했기 때문이다. EMC는 이미 백업 소프트웨어를 보유한 세계 최대 데이터 스토리지 기업이었기에 데이터도메인 인수에 적극적으로 나섰다. EMC 산하로 들어가 추가적인 자원 혜택을 받은 데이터도메인은 공격적으로 사업을 확장했고, 우리가 구상한 아이디어가 옳았음을 입증했다. 오늘날 데이터도메인은 델테크놀로지스 산하에서 여전히 수십억 달러 규모의 사업을 이끌고 있다.

데이터도메인을 경영하면서 큰 성공을 거뒀지만, 나는 전략적 전환을 수행하지 못했다는 점이 이후에도 계속 마음에 걸렸다. 당시 사업 범위, 확장, 행보와 관련하여 직면했던 이슈들을 아직도 고민 중이다. 리더로서 당신은 이런 이슈들을 첫날부터 시간을 들여 평가해야 한다. 사업상의 문제들이 잠잠해질 거라는 기대 속에 기다려선 절대 안 된다.

서비스나우의 사업에서 더 큰 기회가 보이지 않았다면, 나는 서비스나우 경영진에 합류하지 않았을 것이다. 이것은 다음 장에서 설명할 주제다.

• 15장 •

생각의 조리개를 열어라: 서비스나우 성장 스토리

서비스나우 CEO로 취임하기까지

나는 데이터도메인에서 쌓은 경험을 돌아보면서 우리가 직면했던 전략적 과제들, 다르게 할 수 있었고 다르게 해야만 했던 일들을 숙고했다. 데이터도메인이 24억 달러에 EMC에 매각된 것은 어떤 경제적 기준으로 평가해도 훌륭한 결과이지만, 매각된 기업의 CEO로서 기업 미션을 달성하고자 하는 여정이 중간에 끊겼다는 느낌을 떨쳐낼 수 없었다(나는 그 전에도, 그 후에도 회사를 매각한 적이 없다).

이 모든 감정이 2011년 초 서비스나우 CEO 면접을 볼 때 서비스나우에 대한 관점에 영향을 미쳤다. 2004년 이후 서비스나우는 창업자 프레드 루디가 CEO로 재직하면서 상당한 성장세를 기록했다. 서비스나우는 자본 중 일부만 소비했고, 현금흐름이 양호했으며, 전년 대비 매출이 2배 가까이 증가했다.

창업자 프레드 루디와 초기 직원 상당수는 샌디에이고에서 창업해 큰 성공을 거둔 IT 서비스 관리 소프트웨어 기업 페러그린시스템스Peregrine Systems 출신이었다. 소프트웨어 업계에서는 드물게도 2003년에 파산했고, 서비스나우는 그 잿더미 속에서 부활한 불새와 같은 기업이었다. 그리고 페러그린시스템스의 서비스 관리 소프트웨어 제품보다 개선된 기능을 제공했다.

처음에는 서비스 관리 소프트웨어에 관해 잘 알지 못했다. 서비스 관리 소프트웨어는 흔히 '헬프데스크 관리 소프트웨어' 또는 '티켓 발급 시스템'이라고 불린다. 사내 이용자가 업무 수행에 필요한 IT 관련 지원을 헬프데스크에 요청하면, 서비스 관리 소프트웨어가 지원요청 접수 확인서(티켓)를 발급하기 때문에 붙은 이름이다. 나는 이런 헬프데스크 관리 소프트웨어에 대해 그리 흥미가 없었다. 소프트웨어 업계 애널리스트와 전문가들도 마찬가지였다. 지루하고 따분한 업무로 보였기 때문이다. 한 애널리스트는 헬프데스크 관리 소프트웨어가 곧 사라질 제품 카테고리라면서 해당 제품군을 두고 벌어지는 각축전을 '마지막 전투'라고 표현했다. 하지만 서비스나우를 들여다보는 과정에서, 네 가지 사실이 흥미를 끌었다.

초성장 기업의 잠재력을 파악하라

첫째, 나는 2011년 서비스나우의 가파른 성장률에 놀랐다. 해마다 기업 이익이 그토록 크게 늘고 있다면 뭔가 드물고 특별한 일이 숨어 있기 마련이다.

둘째, 헬프데스크 관리 소프트웨어 시장을 지배하던 HP와 BMC소프트웨어는 고객들에게 인기가 없었다. 두 회사 제품은 오래됐고, 아키텍처 측면에서 부족하고, 복잡하고, 쓰기 힘들었다. 14장에서 설명한 첫 번째 교훈을 다시 언급하자면, 경쟁사의 강점보다는 약점을 공략하는 편이 언제나 낫다. 2011년 서비스나우 입장에서는 인기 없는 경쟁사들로부터 고객들을 빼앗아 올 기회가 있을 듯했다.

기존의 낡은 헬프데스크 관리 소프트웨어를 서비스나우 제품으로 교체해달라고, 문자 그대로 애원하던 대기업 중역들과의 대화가 기억난다. 당시 우리는 아직 그 정도 대기업 운영에 적합할 만큼 제품의 기능을 향상시키지 못했지만, 그들은 어쨌든 빨리 써보고 싶어 했다. 이 정도로 강력한 수요는 거의 전례 없는 일이기에, 우리는 아무리 대담한 프로젝트일지라도 그냥 포기할 수 없었다.

셋째, 서비스나우 제품이 IT 서비스 관리 용도를 넘어 완전히 다른 용도로 쓰이기 시작한다는, 창업자 프레드 루디와의 대화가 내 흥미를 돋웠다. 인사과 관리자들과 이벤트 매니저들도 서비스나우 제품이 유용하다는 사실을 인정했다. 이는 서비스나우가 어떤 서비스 영역의 업무도 처리할 수 있는 범용 업무 흐름 플랫폼으로서 잠재력이 있음을 의미했다. 고객들은 소프트웨어 애널리스트와 업계 전문가들이 보지 못한 지점을 보고 있었다. 도구가 아닌 플랫폼으로서 역할을 할 수 있다는 점이다. 도구는 한 가지 용도로 쓰이지만, 플랫폼은 매우 다른 여러 가지 용도로 쓰인다.

내게 이는 정말로 중요한 대목이었다. 나는 데이터도메인에서 겪은 일, 즉 시장이 포화 상태에 이르러 매출을 계속 늘리고 성장세를 지속할 길이 없는 상황이 다시 벌어지지 않을까 두려워하고 있었다. 사방이 온통 꽉 막혔다는 느낌을 다시 경험하고 싶지 않았다. CEO 지원자로서 나는 서비스나우의 미래 잠재력에 대해 희미하지만 고무적인 증거와 예감이 있었다.

넷째, 서비스나우에 투자한 벤처캐피털리스트가 보여준 녹취록이 내 흥미를 끌었다. 그 벤처캐피털이 전년도에 고객들과 나눈 대화 녹취록이었는데, 특히 하이라이트 부분이 중요했다. 고객과의 대화를 통해 투자 성공 가능성을 파악하는 것은 벤처캐피털에 비교적 표준적인 실사due diligence 절차다. 해당 녹취록 하이라이트 분량은 60쪽 정도였는데, 처음부터 끝까지 열정적인 인용과 논평으로 가득 차 있었다. 고객들은 서비스나우 제품을 좋아할 뿐 아니라 서비스나우 직원들에게도 호감을 표했다. 한 기업에 대해 그토록 일관된 최상급 칭찬이 담긴 녹취록을 읽는 것은 드문 경험이다.

커리어와 관련한 주요 결정을 내릴 때마다 모든 것을 알고 결정하기란 불가능하다. 하지만 대화 녹취록을 본 나는 서비스나우에 관해 충분히 알게 됐다. 나는 이 기업에 올인하기로 했다. 운영상의 수많은 난제가 앞에 있었지만, 2011년에 내가 본 서비스나우의 펀더멘털은 이후 10년간 서비스나우를 훌륭히 떠받치는 버팀목이 됐다.

기존 전략의 실행 방법을 개선하라

2011년부터 2017년까지 이어진 서비스나우 CEO 재임 기간 초기에 나는 전략이 아닌 실행에 최대한 초점을 맞췄다. 당시 서비스나우의 전략은 근본적으로 틀리지 않았으나, 잠재력을 최대한 발휘해 그 전략을 실행하지 못하고 있었다. 그 결과 서비스나우는 현금이 있었음에도 투자하지 않아 자원 부족에 시달렸다. 영업팀은 유능한 영업사원을 뽑지 못했고, 클라우드 서비스는 불안정했고, 엔지니어링 부서는 자원을 공급받지 못해 빈혈 상태였다.

헬프데스크 관리 소프트웨어 회사로서 서비스나우는 데이터 도메인과 동일한 강점이 여럿 있었다. 우리는 완전히 새로운 제품 카테고리를 만들지 않고, 기존보다 훨씬 개선된 제품을 출시했다. 잠재적 신규 고객의 구매센터는 예산과 전문 지식을 구비하고, 제품 교체에 대한 유연성과 제품의 신기능에 대한 호기심을 보였다. 서비스나우 영업사원들이 잠재적 고객들과 만나거나 그들을 제품 시연회에 초대하는 것은 어렵지 않았다. 그들이 사용하던 기존 제품과 서비스나우 제품 간의 차이가 너무나 현저했기 때문이다.

서비스나우 제품은 고객들이 골머리를 앓던 문제들을 깔끔히 해결해줬을 뿐 아니라 사용하기도 편했다. 서비스나우 시스템은 역동적이었다. 인시던트 처리 등 IT 업무를 담당하는 부서에서 쓰이는 데이터베이스 구조, 업무 흐름, 보고서, 공지, 양식을 프로그래밍 지식이 얕은 직원도 바꿀 수 있었다. 이는 기존 시스템과 비교하면 주목할 만한 점이었다. 전문 지식이 적은 직원들도 데이터베이스 구조, 업무 흐름 등의 시스템을 일상적으로 바꿀 수 있다는 것은 당시 해당 업계에선 전대미문의 혁신이었다. 서비스나우 제품이 나오기 전에도 이런 시스템을 바꾸는 일이 아주 없지는 않았지만, 산발적으로만 이뤄졌다. 시스템을 바꾸는 작업이 너무 어렵고, 비용과 시간이 많이 들고, 리스크가 컸기 때문이다.

우리는 많은 계약을 체결했다. 하지만 계약 금액이 크지는 않았다. IT 헬프데스크의 전체 직원이 아닌 관리자들에게만 판매했기 때문이다. 게다가 서비스나우 제품 기능이 IT 서비스 관리에 대한 표준 프레임워크인 ITIL_{IT infrastructure library} 중 몇 개 핵심 모듈들로 제한됐기 때문이다. 다시 말해서 아직은 다양한 사용자에게 판매하지도 않았고, 제품 기능이 충분하지도 않았다. 이 두 부분을 보강하는 작업이 임기 초반에 내가 생각한 사업 성장 모델의 기초였다.

기회를 확대하라

지금까지 설명한 초반 과제들을 해결하기 위해 분투하는 과정에서 새로운 전략적 기회들이 시야에 들어왔다.

우리가 생각의 조리개를 열어 처음 시도한 것은 IT 업무용 ERP 제품으로서 서비스나우를 포지셔닝하는 것이었다. ERP는 '전사적 자원 관리_{enterprise resource planning}'의 약자다. 이전의 IT는 '플랫폼'이 된 적이 없었다. 즉, 이전의 IT 업무에는 모든 업무를 포괄해 관리하는 플랫폼이 없었다. 기업들은 엑셀, 이메일을 통해 단편적으로 IT 업무를 관리했다.

우리의 아이디어는 파격적이었지만 아직 실현 가능성은 작았다. 제품이 IT 업무용 ERP라는 아이디어를 실현할 만큼 다양한 기능을 갖추지 못한 상태였기 때문이다. 우리는 제품에서 빠진 기능들을 어떻게 추가하고, 일부 기능(예를 들어 기업의 IT 환경을 구성하는 모든 하드웨어와 소프트웨어 자산에 대한 정보를 저장하는 CMDB(구성 관리 데이터베이스) 시스템)을 테스트할 제품을 어떻게 만들지에 대한 청사진을 그렸다. 하지만 고객이 바로 사용할 수 있도록 완성도 높은 솔루션을 만들기까지는 아직 더 기다려야 했다.

우리는 서비스나우 시스템을 이용하려면 헬프데스크 관리자들만이 아니라 IT 부서 전체 직원이 라이선스를 받아야 한다고 고객사의 중역들을 설득했다. 그러자 시장 규모가 차원이 다르게 커졌다. 우리가 체결한 계약 규모도 마찬가지였다.

우리는 다음과 같은 단순한 논리로 고객사 중역들을 설득했다. '서비스나우는 인시던트를 해결하는 헬프데스크 직원들뿐 아니라 네트워크 엔지니어, 시스템 관리자, 데이터베이스 관리자, 앱 개발자들도 사용할 수 있는 제품이다. 서비스나우는 모든 직원의 업무 흐름을 통합하고, 모든 업무 흐름 단계의 질과 속도를 개선한다.'

헬프데스크 직원들의 역할은 접수한 지원 요청을 적합한 담당자에게 연결하는 것이고, 실제로 지원 업무를 처리하는 담당자들은 서비스나우 플랫폼에서 다양한 기능을 활용할 필요가 있는 IT 전문가들이었다. 우리는 수년간 서비스나우 플랫폼에 부족한 기능을 채우는 작업을 계속하면서 점점 더 많은 고객사 직원들에게 실제 업무에 사용할 수 있는 기능들을 제공했고, 비전을 완전히 현실로 바꾸었다. 고객들은 원하는 기능이 나오기까지 아직 더 기다려야 하는데도 우리의 전략을 지지했다. 서비스나우 플랫폼은 수많은 기능과 모듈을 활용할 수 있는 풍부한 프레임워크를 구축했다. 그것은 미래에 계속해서 혁신적 기능을 추가할 수 있는 캔버스와 같았다.

성가신 문제 중 하나는 직원들이 헬프데스크 관리자용 도구만 판매하던 시절의 사고방식에서 벗어나게 하는 것이었다. 일부 영업사원은 작은 틈새시장의 고객들에게 판매하는 것에 만족하고 있었기에, 더 큰 시장으로 진입하려는 경영진의 의도를 이해하지 못했다. 사업 규모를 키우는 것만이 장기적 성공으로 향하는 유일한 길이란 사실을 모든 직원에게 설명했다. 직원들의 뇌리에 각인하고자 '데스크desk'에만 제품을 판매하는 것은 우리 회사가 '망하는four letter word' 길이고, 플랫폼이 아닌 '도구는 바보들만 쓰는 것Tools are for fools'이라는 말장난을 섞어 설명했다. 영업팀은 플랫폼이라는 서비스나우의 포지션을 인식하고 고객에게 잘 설명할 수 있어야 했다. 그래야 서비스나우가 단순한 도구 공급 업체보다 훨씬 더 큰 가치를 지닐 수 있을 터였다.

상장 그리고 확장

2012년 6월, 서비스나우는 상장 절차를 밟았다. 당시 투자자들이 우리의 시장 기회에 한계가 있다고 평가했기에 서비스나우의 IPO 가치는 제한됐다. 투자자들은 서비스나우가 계속 더 성장할 수 있다는 사실을 믿지 않았다. IPO 설명회의 질의응답 시간에 가트너 그룹은 서비스나우가 접근 가능한 전체 시장 규모가 15억 달러라고 투자자들에게 설명했다. 나로선 몹시 실망스러운 설명이었다. 15억 달러짜리 시장에서 사업을 영위하는 기업이라면 시가총액이 15억 달러를 넘을 수 있으리라고 누가 기대하겠는가. 지금 회상하면 웃음이 나올 뿐이다.

2012년 6월 20일 상장한 서비스나우는 이후 시가총액이 1,000억 달러를 훌쩍 넘어 역사상 가장 빨리 성장한 소프트웨어 기업 중 하나로 기록됐다. 전문가들의 의견을 너무 맹신하지 말아야 함을 보여주는 사례다.

2015년에는 앞서 설명한 IT 플랫폼을 계속 개선해나가는 작업에 더해 IT 관리 업무와 무관한 시장으로도 진입했다. 특히 앞서 설명했듯이, 서비스나우는 직원들의 문의와 문제를 처리하는 인사과 업무를 지원하는 플랫폼 시장을 개척했다. 또한 사이버 보안 시장에도 진입해 IT 전문가들과 보안 기술을 하나의 업무 흐름으로 결합했다.

나는 개인적으로 고객서비스센터 지원 기능을 서비스나우 플랫폼에 추가하자는 안을 거부했다. 고객서비스센터는 소비자 지향적이고, 대량의 데이터를 처리해야 하고, 우리가 영위하는 다른 사업 영역들과 비교할 때 매우 이질적인 사업이었기 때문이다. 나는 고객서비스센터 기능 추가를 너무 멀리 나간 결정이라고 생각했다. 하지만 서비스나우 직원들은 이미 내부적으로 서비스나우 플랫폼을 그런 용도로 사용하고 있었기에, 해당 기능을 추가하면 새로운 시장을 개척할 수 있으리라고 생각했다. 결국 나는 직원들의 주장에 동의하고, 기능 추가를 허가했다. 다행히도 내 걱정은 기우였음이 드러났다. 서비스나우 플랫폼은 소비자와 상호작용하는 고객서비스센터 지원 용도로도 훌륭하게 작동했다.

이제 우리는 우리의 전략을 '글로벌 비즈니스 서비스'라고 부르기 시작했다. 하나의 디지털 플랫폼에서 기업 고객의 모든 운영 업무를 지원하는 것이 우리의 성장 전략이었다. 서비스나우 플랫폼을 사용하는 고객들은 문제를 해결하거나 문의하기 위해 사무실들을 돌아다닐 필요가 없어졌다. 서비스 업무는 이제 디지털 경험이 됐다. 직원들은 인사과로 전화를 걸거나 직접 찾아가는 대신, 사내 인트라넷의 인사과 웹페이지에 접속하면 된다. 이곳에서 인사과에 문의하여 답변을 받는 등 인사과와 관련한 여러 가지 업무를 진행할 수 있다.

서비스나우는 새로운 기능을 개발해 새로운 시장을 공략하고자 새로운 사업부문을 잇달아 출범했다. 앞서도 말했듯이 나는 해당 팀들이 모두 성공하리라고 기대하지 않았지만, 모든 팀이 역경에 굴하지 않고 끝까지 노력했고 대부분은 성공을 거뒀다. 오늘날까지도 서비스나우는 대기업임에도 새로운 인접 시장으로 계속 사업을 확장해나가면서 높은 성장세를 지속하고 있다.

경쟁에서 살아남으려면 무엇을 해야 할까

데이터도메인을 경영하면서 얻은 트라우마로 나와 동료들은 서비스나우를 경영할 때 한계를 넘는 성장과 확장에 전력을 다했다. 더 이상 진입할 시장이 없는 전략적 딜레마 상황에 다시 처하고 싶지 않았다.

그리고 '조리개'를 열고 사업을 바라보는 것을 업무의 우선순위에 둔 것은 우리에게 유익한 선택이었다. 아틀라시안Atlassian, 젠데스크Zendesk, 처웰Cherwell을 비롯한 여러 기업이 우리를 따라잡으려고 맹렬히 공세를 펼쳤기 때문이다.

우리에게 전략적 위협을 가한 대표적인 경쟁사는 세일즈포스Salesforce였다. 세일즈포스는 자신들이 '서비스 클라우드service cloud'라고 부르는 시장으로 진입하려는 우리의 시도를 선전포고로 간주했다. 우리가 헬프데스크 관리 소프트웨어 시장의 다른 업체들보다 포지셔닝의 범위가 넓어지자 세일즈포스는 우리를 위협적인 존재로 봤다. 우리는 세일즈포스도 노리고 있던 새로운 시장 영역으로 IT 서비스 모델을 확장 중이었다. 당시 마법의 주문처럼 외던 "고객서비스는 팀 스포츠다"란 말이 통했는지, 기업 고객들은 업무 관련자들을 서비스나우 플랫폼을 통해 업무 흐름에 합류시켰다. 이것은 전통적 경쟁사들과 구분되는 차별화 요소가 됐다. 다른 개발사들은 서비스 업무용 시스템 제품을 자체적으로 테스트하면서 인시던트, 문제, 업무 해결에 기여해야 하는 다른 부서들은 참여시키지 않았다.

지금 되돌아보면, 우리의 전략은 서비스 관리 사업에 진입하려는 경쟁사들이 건너기 힘든 거대한 해자를 건설한 셈이었다. 경쟁사들은 서비스나우와 경쟁할 수 있는 헬프데스크 관리 소프트웨어나 서비스 관리 제품을 개발할 수 있으리라고 생각했다. 하지만 그들은 서비스나우의 탁월한 성능이 여러 가지 기능을 더하는 부가적인 모듈과 서브 시스템에서 비롯된다는 사실을 깨닫지 못했다. 경쟁사들이 서비스나우를 따라잡으려면 헬프데스크 관리 소프트웨어뿐 아니라 훨씬 더 많은 기능을 갖춘 제품을 내놓아야 했다.

이것이 우리가 시장에서 장기적으로 포지션을 굳히고 강화할 여유를 확보한 방법이다. 궁극적으로, 진짜로 고민해야 할 질문은 얼마나 많은 시장으로 확장할 수 있느냐가 아니라 새로 진입한 시장에서 계속 버틸 수 있느냐다.

• 16장 •

원대한 꿈을 가져라:
스노우플레이크 성장 스토리

다음 전환이 필요해지기 전에 미리 계획하라

2019년 4월 내가 경영진에 합류할 무렵, 스노우플레이크는 운영 상의 난제이자 거대한 기회가 될 문제에 직면했다. 전략적 전환에 관한 세 번째 사례 연구가 될 이번 장에서는 스노우플레이크가 어떻게 원래의 포지션에서 한계를 넘어 더 확장된 성장 궤도로 진입하게 됐는지 돌아보고자 한다. 앞서 데이터도메인과 서비스나우에 관한 사례 연구에서 밝혔듯이, 접근 가능한 시장을 확장하는 것은 회사의 성공을 위해 매우 중요하다. 스노우플레이크도 비슷한 과제에 직면했는데, 앞의 두 회사와 다른 맥락의 이슈와 환경을 극복해야 했다.

나는 스노우플레이크가 왕성한 성장세를 지속하는 회사이기에 미래를 준비할 시간이 많을 것으로 예상했다. 하지만 시간이 흘러 보니 우리가 선택한 전략은 단지 미래를 대비해 과감히 내린 선택이었을 뿐 아니라, 우리 예상보다 훨씬 더 본질적으로 중요한 선택이었다. 조금만 더 늦게 선택했어도 큰일 날 뻔했다.

이는 현재 시장 상황보다 먼 미래 상황을 미리 숙고하고 대비할 필요가 있다는, 전략 개발의 당위성을 보여주는 사례다. 전략을 전환해야 할 필요성이 너무도 명백해지는 시점까지 기다린다면, 그때는 이미 늦은 것일 수 있다. 시장이 어떻게 변할지, 시장에서 회사의 포지션이 어떻게 바뀔지 예상하는 것은 절대적으로 중요하다. 당신이 아무 일도 안 하고 잠자고 있어도, 모든 것은 바뀌기 마련이다. 현재 상황에 안주하다간, 미래를 위해 필요한 전략적 선택을 내리지 못하는 우를 범할 수 있다.

클라우드를 위한 데이터 웨어하우스

맹렬한 성장세를 보이기 시작한 2015년경 스노우플레이크의 포지션은 데이터 웨어하우스였다. 테라데이타, 네티자, 오라클, 마이크로소프트가 고객들에게 제안한 개념과 유사하지만 아마존 웹 서비스, 마이크로소프트 애저와 같은 클라우드 컴퓨팅 환경을 위해 구축된 데이터 웨어하우스가 당사의 포지션이었다. 스노우플레이크는 특히 데이터 워크로드 플랫폼을 기존 제품보다 훨씬 높은 업무 생산성을 가능케 하는 아키텍처를 가진 플랫폼으로 대체하겠다고 제안했다. 당시 기업들은 자체적인 데이터센터를 운영하고 구식 데이터 플랫폼에서 워크로드를 처리했으나, 부족한 워크로드 용량과 플랫폼 성능이 고민이었다. 그런 상황에서 나온 스노우플레이크의 제안에는 의견이 분분했다.

한편 스노우플레이크는 빠르게 인지도가 높아져 영업과 마케팅이 쉬워졌다. 잠재적 고객들은 스노우플레이크의 제안 내용을 이해했고, 기업과 기관들에는 스노우플레이크의 새로운 데이터 웨어하우스를 선택하려는 의사결정자들이 늘었다.

그러나 다른 한편으로는, 스노우플레이크가 데이터 웨어하우스 브랜드로 알려지면서 시장 기회가 제한되기 시작했다. 당시 알려진 데이터 웨어하우스의 한계점들 때문에 스노우플레이크가 제약받는 측면이 있었다. 그러나 우리는 이런 단점을 훌륭하게 돌파했다. 이런 상황에선 보통 기존에 성공을 거둔 방식을 고수하기 쉽다. 하지만 스노우플레이크가 과거의 성공적 포지셔닝에 안주했다면 데이터 웨어하우스라는 제한된 시장에 갇혔을 것이다. 스노우플레이크는 데이터 웨어하우스를 훨씬 뛰어넘어 다양한 플랫폼 기능을 고객에게 제공하는, 미래 지향적 브랜드가 되어야 했다.

고무적이게도, 미래 지향적 고객들은 우리가 현재를 넘어 미래를 생각하도록 격려했다. 고객들은 스노우플레이크 플랫폼에서 운영 데이터 처리와 트랜잭션 데이터 처리transactional data processing(연속적 작업으로 구성되는 정보처리―옮긴이) 작업을 결합한 혼합 워크로드를 비롯해 최대한 많은 작업을 처리하고 싶어 했다. 고객들은 자사의 데이터가 다수 플랫폼에 분산되는 걸 꺼렸다. 그러면 데이터 거버넌스data governance(기업에서 사용하는 데이터의 가용성, 유용성, 통합성, 보안성을 관리하기 위한 정책과 프로세스―옮긴이)가 악화되고, 데이터 사일로data silo(조직 내 다른 부서는 접근할 수 없는 분리된 정보―옮긴이)가 발생하며, 운영 복잡성이 증가하기 때문이다.

데이터 클라우드

2019년 말, 우리는 '데이터 클라우드'라는 새로운 전략을 내놓았다. 잘나가고 있던 데이터 웨어하우스 서비스를 중단할 계획은 없었다. 다만, 고객의 업무 운영 능력을 향상시키고 기존 데이터 웨어하우스의 워크로드 관련 문제들을 해결하기 위해 데이터 클라우드 제품을 출시하기로 한 것이다. 기존 데이터 웨어하우스 플랫폼은 단일 클러스터 아키텍처로 설계된 탓에 동일 데이터에 대한 동시다발적 워크로드 처리 능력이 떨어졌다. 기존 데이터 웨어하우스는 스토리지 용량과 연산 성능을 개별적으로 확대할 수 없었다. 반면 스노우플레이크는 이 모든 것을 말끔히 해냈기에 더 넓은 범위의 고객들에게 어필할 수 있었다.

데이터 클라우드는 우선 최상의 워크로드 성능으로 고객들에게 선택받았다. 또 다른 주요 셀링 포인트는 데이터 페더레이션 data federation이다. 이는 다른 계정에 있는 데이터를 스노우플레이크 계정으로 가져와 하나의 데이터베이스로 쓸 수 있게 하는 기능을 말한다. 스노우플레이크 계정을 가진 고객이 데이터 클라우드라는 거대한 데이터베이스에 접속함으로써, 스노우플레이크는 데이터 공유 플랫폼이 됐다. 스노우플레이크 플랫폼에서는 데이터를 복사하거나 복제할 필요가 없기에 데이터 분절이 일어나지 않았다. 또한 복사본이나 복제본이 아닌 오리지널 소스 데이터를 쿼리하기에 지연 시간도 없었다. 소스 데이터가 수정되면 해당 데이터를 참조한 모든 문서가 동시에 수정됐다.

당시 경쟁 업체의 클라우드 시스템에는 데이터 스토리지와 데이터 컴퓨팅이 덜 통합된 상황이었기에, 데이터 클라우드는 선구적인 제품이었다. 당시에도 이미 아마존 웹 서비스, 마이크로소프트 애저 같은 거대한 클라우드 인프라와 세일즈포스, 워크데이Workday, 서비스나우 같은 클라우드 애플리케이션이 고객들에게 제공될 정도로 기술이 발전한 상태였다. 하지만 대다수 기업 고객 입장에서는 데이터가 여기저기 파편화되고 분산된 탓에 한곳에 모아서 작업하기 어려운 상황이었다. 직원 개인의 PC를 비롯한 수많은 장소에 핵심 정보가 분산되어 있었다.

이런 상황은 여러 기업의 최고정보관리책임자들을 미치게 했다. 데이터 워크로드 요구사항이 계속 증가하고 복잡해짐에 따라 단편적 데이터 처리가 갈수록 두통거리가 됐다. 데이터 사일로를 제거하지 않으면, 데이터 활용이 지연될 터였다. 스노우플레이크의 데이터 클라우드는 바로 이 대목을 기업 고객들에게 어필했다.

더 넓은 시장으로: 데이터 시장 그리고 프로그램 가능성

스노우플레이크가 데이터 클라우드 다음으로 성장할 섹터로 지목한 것은 데이터 거래 시장data marketplace이었다. 데이터 거래 시장은 경제 데이터, 인구통계학적 데이터, 공급사슬 데이터 등 기업 고객들에게 필요한 모든 정보를 거래하는 시장을 가리킨다. 앞으로 이 시장은 기업들이 새로운 데이터를 발견하고, 검색하고, 둘러보고, 분석하고, 테스트하는 길이 될 터다. 이 시장을 이용함으로써 기업들은 잠재적 고객에게 제품을 홍보하는 데 필요한 데이터를 더 수월하게 수집하고 분석할 수 있게 될 것이다. 데이터 거래 시장을 이용하는 기업들은 번거로운 라이선스 구매

절차 없이 장기간 비용을 지불하는 구독형 요금제가 아닌 종량제 요금 체계에 따라 사용한 만큼만 비용을 지불하게 될 것이다.

예를 들어, 당신의 소비재 스타트업에서 홍보 활동을 위해 캔자스주 위치토시에 거주하는 모든 부부의 이메일 주소가 필요하다고 치자. 이 일을 의뢰받은 소비자 데이터 조달 업체가 해당 이메일 목록을 생산하여, 스노우플레이크 계정을 통해 당신의 스타트업으로 쉽고 빠르게 전송할 것이다. 이처럼 다른 출처로부터 얻은 데이터 속성data attribute(더 이상 쪼개지지 않는 최소의 데이터 단위—옮긴이)을 추가해 데이터를 '보강'하는 것은 여러 산업에서 주목하는 프로세스가 됐다.

데이터 클라우드는 프로그램 가능성, 즉 스노우플레이크 플랫폼 내의 데이터를 처리하는 소프트웨어 코드를 추가함으로써 계속 확장 중이다. 이런 추세는 스노우플레이크의 사업 범위를 데이터 애플리케이션 플랫폼으로 확장시킨다. 스노우플레이크 플랫폼이 전 세계 기업과 기관들에 제공할 수 있는 서비스 범위를 넓혀나가는, 자연스러운 진화다.

우리의 전략은 가치의 연속적인 층위를 토대로 실현된다. 데이터 클라우드가 출범하여 데이터가 쌓일수록 소프트웨어 개발사들은 사업상 목적을 위해 데이터 클라우드에 접속할 수밖에 없다.

손에 쥔 카드를 파악하고 전략을 짜라

경영은 포커 플레이어가 손에 쥔 카드를 보고 고민하는 것과 비슷하다. 포커를 하다 보면 좋은 카드가 들어올 수도 있고 들어오지 않을 수도 있지만, 더 중요한 것은 손에 쥔 카드들로 얼마나 좋은 패를 완성해 이길 수 있을지 이해하는 것이다. 그것이 포커 플레이어의 전략적 옵션을 결정한다. 포커 플레이어는 라운드마다 콜call(앞의 플레이어가 판돈을 올린 것을 받아 드는 것—옮긴이)을 외칠지, 레이즈raise(콜을 받아들이고 추가로 더 베팅하는 것—옮긴이)할지, 폴드fold(해당 라운드를 포기하는 것—옮긴이)할지 선택해야 한다.

스노우플레이크는 이미 훌륭히 성과를 내던 전략에 안주할 수도 있었다. 그러니까 데이터 웨어하우스만을 유일한 핵심 사업으로 계속 영위하는 것에 만족할 수도 있었다. 당시 우리가 손에 든 카드의 가치와 잠재력을 어떻게 인식하느냐가 향후 스노우플레이크가 어떤 기업이 될지를 상당 부분 결정할 터였다.

수중의 카드로 어떻게 플레이할지 결정할 때 고려할 요소는 현재 접근 가능한 시장의 크기만이 아니다. 물론 현재 접근 가능한 시장이 클수록 좋다. 하지만 더 고민해봐야 하는 것은 '몇 년 뒤 얼마나 큰 시장에서 사업을 영위할 것인가'다. 외부 환경이 변하면, 새로운 시장으로 진입해 성장할 잠재력이 바닥난 기업은 종종 다른 기업에 합병당하거나 절박한 처지로 내몰린다.

현재 접근 가능한 시장을 더 큰 시장의 하위 시장으로 프레임을 다시 짜는 것도 하나의 해법이 될 수 있다. 예를 들어 데스크톱 컴퓨터 시장은 쪼그라들었지만, 노트북과 태블릿으로 시장을 확장한 데스크톱 컴퓨터 제조사는 계속 발전하고 있다. 컴퓨터라는 제품 카테고리의 시장 규모는 과거보다 훨씬 더 커졌다. 마찬가지로, 데이터 웨어하우스가 클라우드 데이터 운영이라는 훨씬 더 넓은 카테고리의 하위 카테고리가 되길 기대한다.

이는 서비스나우가 헬프데스크 관리 소프트웨어, 서비스 관리 소프트웨어로 머물지 않고 사업을 확대해나간 것과 같은 원리다. 고객들은 더 이상 헬프데스크 관리 소프트웨어, 서비스 관리 소프트웨어만을 구매하지 않는다. 포괄적 운영 관리, 자산 관리, 구성 관리를 비롯한 다양한 서비스 영역을 처리하는 제품을 찾고 있다.

이것이 스노우플레이크가 진화하고, 리포지셔닝하고, 훨씬 더 큰 시장을 노리고 플레이해야 하는 이유다. 이로 인해 스노우플레이크의 엔지니어링팀은 크나큰 과제를 안게 됐다. 훨씬 더 야심찬 프로젝트를 성공시킬 자원을 조달해야 하기 때문이다. 영업팀과 마케팅팀 역시 전술을 발전시켜야 한다는 과제를 안게 됐다.

당신도 비슷한 상황에 처해 있다면, 새로운 시장으로 확장하기 위한 기초 작업에 더 빨리 착수할수록 이후 난관을 극복하기가 쉬워진다는 점을 기억하라.

7부

리더는 어떻게
한계를 넘는가

AMP
IT UP

17장

성장 중인 당신을 위한 조언: 커리어를 증폭하라

당신은 제품이다

당신은 현재의 커리어에 만족하는가? 혹시 더 빨리 위로 올라갈 수 있진 않았을까?

아마도 그럴 것이다. 대다수 사람은 새로운 기회가 생길 때마다 이 자리에서 저 자리로 옮기면서, 커리어를 위태롭게 관리한다. 하지만 커리어에 대한 목적의식을 가지고 일하면 미래 모멘텀을 증폭할 수 있다. 수천 명의 직원을 채용하고 회사를 잇달아 성공시킨 CEO로서 나는 커리어를 훌륭하게 쌓아나가는 직원들을 많이 봤지만, 커리어가 정체되는 모습도 꽤 목격했다.

커리어가 정체되거나 심지어 파괴되는 가장 흔한 원인은 무엇일까? 이번 장에서 설명할 내용은 당신에게 많은 공부 거리가 될 것이다.

전문적 역량을 가진 당신은 제품이다. 그러므로 제품을 관리하듯 자신을 관리하려고 노력해보라. 교육, 훈련, 경험을 통해 자신을 제품처럼 개발하라. 당신의 이력서는 곧 당신의 간판이다. 꾸미고 광을 내라. 당신의 이력서에서 인상에 남는 대목이 있는지 확인하라.

시장에서 중요한 것은 당신이 자격을 가지고 있느냐 아니냐가 아니다. 다른 지원자보다 더 뽑힐 자격이 있느냐다. 제품을 갖고 싶게 하고 구매하고 싶게 하는 요소는 무엇일까? 구매자 입장에서 너무도 마음에 쏙 드는 제품을 만드는 요소는 무엇일까?

내가 지금까지 경영 현장에서 관찰한 바를 바탕으로 당신의 커리어 궤도에 가장 큰 영향을 미칠 만한 요소들을 꼽아봤다.

학위는 얼마나 중요할까

학교 교육은 문해력과 산술 능력, 그 밖에 학습·관찰·분석에 필요한 일반적 능력들을 개발하는 데 필요하다. 고용주는 그런 기초지식을 갖췄다는 걸 전제로 하고, 보통은 4년제 대학 학위를 요구한다. 일부 예외 사례가 있긴 하지만, 대학 학위 없이 전문직에 취업하기는 어렵다. 그렇다고 아이비리그 같은 최정상 명문대나 인지도 있는 대학을 졸업해야만 전문직에서 성공한다는 뜻은 아니다. 물론 투자은행, 벤처캐피털, 경영 컨설팅 회사 같은 몇몇 직종은 지원자의 그럴듯한 학위를 매우 중시한다. 하지만 대다수 고용주는 지원자가 얼마나 높은 순위의 명문대를 졸업했는지를 그렇게 신경 쓰지 않는다. 오히려 명문대 졸업생은 채용하면 비용이 많이 든다고 생각하는 이들도 많고, 명문대 졸업생의 태도에 대한 고정관념을 가지고 있어서 그들을 채용에서 배제하기도 한다.

회사에서 몇 년간 근무한 다음에 경영대학원에 입학해 MBA 학위를 받는 이들이 있다. 그중에는 커리어가 진전되지 않는 상황에서 MBA 학위가 더 나은 경력으로 가는 티켓이라고 생각하는 사람이 많다. 경영대학원들은 당신이 그렇게 믿길 간절히 바란다. 물론 좋은 경영대학원에서 받은 MBA 학위를 이력서에 적으면 폼은 날 것이다. 하지만 MBA 학위를 받기 위해서는 막대한 기회비용을 치러야 한다. 경영대학원 대신 직장에 계속 다녔으면 받았을 2년 치 급여만이 아니다. 2년간 현장에서 떠난 탓에 그동안 계속 일한 동년배보다 경력이 뒤처진다는 점도 고려해야 한다.

그러나 경험이 더 중요하다

당신이 학교를 졸업한 지 오래됐다면 대다수 고용주는 학위보다는 의미 있는 경험에 더 무게를 두고 당신을 평가할 것이다. 문제는 학교에서 배운 내용으로 어떤 일을 했느냐다. 10여 년 뒤에는 대다수 고용주가 MBA 학위를 거의 신경 쓰지 않을 것이다. 고용주에게 경영대학원 졸업생은 회사에서 구체적 성과를 올린 기록을 제출하는 지원자보다 훨씬 덜 매력적이다. 그러므로 어떤 대학원이든 입학 결정을 내리기 전에 한 번 더 생각하라.

이력서에 성취한 업적을 적을 때는 주의를 기울여라. 각 직책에서 거둔 성과를 제대로 제시하지 못하고 지금까지 거쳐온 직책들만 나열했다간 오히려 역효과가 날 수 있다. 그런 이력서를 제출하면, 운전자 유형이 아닌 승객 유형의 구직자처럼 보이기 때문이다. 여러 직장에서 단기간 근무한 경험을 적는 건 피하라. 특히 각 직장에서 일군 성과를 특정하여 제시할 수 없다면 더욱 그렇다. 어떤 직장에서든 12개월에서 18개월 만에 뚜렷한 성과를 일궈내기란 어렵다. 현재 직책이 불만스럽고 좌절감을 느끼더라도 특정한 성과를 낼 때까지는 회사에 붙어 있도록 노력하라.

잦은 이직 경력을 이력서에 적으면, 판단력이 나쁘거나 관리자들과 수시로 충돌하는 유형의 인물로 보일 수 있다. 고용주가

볼 때 한 직장에서 짧게 근무한 경력은 어쩌다 그럴 수도 있다고 여겨지겠지만, 잦은 이직 경력은 위험신호가 될 수 있다. 내가 지금까지 거쳐온 회사 중 가장 짧게 근무한 회사는 3년간 근무 했고, 다른 모든 회사는 5년에서 7년 동안 근무했다.

경력은 지원자가 업무 수행에 적합한 인물인지 판단하는 데 참고 자료가 될 수 있지만, 완벽한 참고 자료는 아니다. 회사가 계속 성공을 거두다 보니 직원들까지도 좋은 성과를 기록하는 경우가 종종 있다. 이런 경우에는 직원이 훌륭해서 좋은 성과를 낸 것인지, 승승장구하는 회사의 모멘텀 덕분에 직원도 좋은 성과를 낸 것인지 구분하기가 어렵다. 그래서 나와 동료들도 승객 유형의 지원자들을 운전자 유형의 인물이라고 착각하고 뽑은 적이 있다.

반대로, 내가 언제나 흥미를 느끼는 지원자 유형이 있다. 망해 가는 회사에 재직해 심각한 난제들에 직면해봤고, 그 경험에서 뭔가를 배운 지원자들이다. 인간은 언제나 쉬운 성공보다는 역경과 실패에서 더 많은 것을 배우기 마련이다. 당신이 다음 직장에서 실천할 수 있는 유용한 교훈을 배웠을 경우에만, 고용주가 당신의 경력을 높이 살 것이다. 아무리 실망스러운 경력일지라도 신뢰할 수 있는 태도로, 통찰력 있게, 구체적으로 설명하라.

가장 중요한 것은 적성이다

적성이란 천부적 재능을 말한다. 한마디로, 선천적으로 잘하는 일이다. 고용주들은 당신에게 경험을 줄 수 있어도 적성은 줄 수 없다. 채용 담당자들은 당신의 경력을 보고 어느 정도 적성을 가늠하지만, 당신의 적성을 이해하려고 그렇게 열심히 노력하지는 않는다. 내가 무슨 일에 능하다고 생각하는지 내게 물어본 채용 담당자는 과장이 아니라 단 '한 명도' 없었다. 그러나 내가 채용 담당자로서 지원자들에게 맨 처음 던지는 질문이자 가장 관심 있는 질문 중 하나가 적성에 관한 것이다.

만약 당신이 지원하는 직책과 관련된 경력이 적다면, 대화의 주제를 적성으로 옮겨라. 그 직책에 당신이 적임자인 이유가 무엇인가? 영리한 관리자들은 보통 경력은 적더라도 적성이 맞는 지원자를 채용한다. 반면 무능한 관리자들은 채용 리스크를 최소화하려는 무익한 노력을 기울이면서 경력 항목을 체크하는 데 집착한다. 그들은 최적의 선택이 아닌 안전한 선택을 하려 한다.

약점을 뒤집으면 강점이 된다. 당신은 자신의 한계를 조리 있게 설명할 수 있을 정도로 한계를 자각하고 있는가? 누구에게나 약점은 있다. 대부분은 본능적으로 자신의 약점을 논하길 꺼린다. 사람들은 면접 중에 약점을 말해보라는 말을 들으면 함정이라고 생각한다. 하지만 유능한 관리자는 자신의 약점을 솔직히 말할 정도로 자신감을 가진 지원자를 좋게 본다. 약점을 자각하고 있다는 사실은 긍정적인 인상을 준다.

고용주 입장에선 인재가 부족할 때마다 (실리콘밸리에선 거의 언제나 인재가 부족하지만) 경력은 부족해도 적성이 맞는 지원자에게 베팅하는 것이 좋은 채용 전략이다. 아직 능력을 다 개발하지 않은 지원자를 채용해 새로운 직책에 맞는 인재로 성장하도록 북돋으면 된다.

성격이 결정적 차이를 만든다

에너지가 넘치고 원활히 소통하는 인물은 직장에서 환영받는다. 사실 그런 성격의 인물은 어디서나 환영받는다. 예를 들어 정치권을 보면, 학벌보다는 성격이 훨씬 더 중요한 덕목으로 보인다. 학벌이나 자격증이 부족해도 근무에 적합한 성격을 가지고 있어 채용되는 사례도 가끔 있다. 엔지니어링이나 금융 같은 전문 기술 분야에선 그런 경향이 덜하지만, 기업에선 모든 조직원이 팀 단위로 일하므로 팀플레이어로서 협업하는 능력을 갖춘 지원자라면 채용 과정에서 가산점을 받는다.

몇 년 전 아직 영업을 개시하지 않은 지역에 투입할 영업사원을 뽑고자 진행한 면접이 생각난다. 우리가 가까운 시일 내에 영업사무소를 개설하지 못할 수도 있다고 말하자, 한 지원자가 당장 일을 시작해야 한다고 말했다. 그는 아내에게 취직이 안 되면 집에 들어오지 말라는 말을 들었다고 했다. 이처럼 의욕 넘치는 지원자에게 뭐라 말하겠는가. 우리는 그를 즉시 채용했고, 그는 영업사원으로 성공했다. 성격이 결정적 차이를 만들어낸다.

당신의 성격 중 어떤 측면을 면접관에게 어필할지 결정할 때, 지원하는 조직의 문화를 고려하라. 한 회사에서 좋은 실적을 낸 사람이 다른 회사에선 적응하지 못할 수도 있다. 취업 면접에서 면접관에게 묻기에 가장 좋은 질문은 다음과 같다.

- 이 회사에서는 어떤 유형의 직원이 가장 성공합니까? 그 이유는 무엇입니까?
- 이 회사에서는 어떤 유형의 직원이 가장 성공하지 못합니까? 그 이유는 무엇입니까?

오래전, 대형 소프트웨어 기업의 총괄부장 채용 후보로 면접을 본 적이 있다. 나는 해당 직책에 적합한 스펙을 갖췄지만, 면접관들은 나의 밀어붙이는 업무 스타일이 직원들과 마찰을 빚을 것으로 예견해 탈락시켰다. 낙담이 컸지만, 훗날 생각해보니 그들이 옳았다. 이 기업은 차분한 문화를 가진 곳이었기에 내가 입사했다면 성과를 내지 못하는 건 둘째치고, 직장 생활이 우울했을 것이다. 내 성격은 스타트업, 턴어라운드 기업, 스케일업 기업 (특히 매우 높은 성장세를 보이는 벤처기업)에 적합하다.

스타트업에는 보통 열정적인 리더, 강력한 동인을 가지고 밀어붙이는 인물, 목표 지향적·성취 지향적 성격을 지닌 인물이 필요하다. 이런 유형의 인물이 성장 속도가 느리고 경직되어 있는 대기업에서 일하면 좌절을 겪기 쉽다. 나는 대체로 능력을 다 펼치지 못해 불만을 품은 직원, 자신과 다른 사람에게 증명해야 할 것이 많은 직원을 좋아했다. 하지만 그런 유형의 직원과 함께 일하는 다른 직원들은 얼마나 껄끄러워할지 예상하기 어렵지 않다.

여러 직장 문화에서 볼 수 있는 위험신호 중 하나는 자신이 특별한 대우를 받을 자격이 있다고 여기는 특권의식이다. 나는 채용 면접에서 언제나 성격이 털털하고 차분한 지원자를 찾고자 했다. 업무에 대한 주인의식, 절박감, '핑계를 대지 않는' 태도 등의 자질이 보이는 지원자들을 높이 평가했다. 자신이 할 수 없는 이유를 설명하기보단 어떻게든 일을 해내는 사람들 말이다. 이런 유형의 자질을 지닌 지원자들은 승객보다는 운전자 유형의 지원자를 채용하려는 우리의 성향에 딱 맞는다.

입사 지원자는 면접관에게 어떤 모습을 보여줘야 좋을까? 이는 다루기 까다로운 주제다. 일반적으로 면접을 앞둔 지원자들은 이런 조언을 듣는다.

"자연스럽게 말해라. 자신이 아닌 다른 인물인 척 행동하지 마라."

어느 정도 옳은 조언이다. 그러나 당신은 마치 다른 사람을 묘사하듯, 자신에 관해 설득력 있게 어필해야 한다. 자신을 '제품'으로 포지셔닝하고, 자신이라는 제품을 효과적으로 홍보하기란 쉽지 않다. 쉽지 않기에 실행할 가치가 있다. 진정성과 진심은 면접관의 마음을 강렬하게 잡아끄는 자질이다. 그것들을 아무 준비 없이 흉내 낼 수 있는 사람은 없다.

채용 결정은 언제나 리스크와 불확실성으로 가득 차 있다. 경험 많은 리더들이 대개 그렇듯이, 나는 단기간에 실패해본 경험이 있는 스펙 좋은 지원자들을 채용해왔다. 채용 담당자들이 경력은 부족하지만 적성이 맞고 잠재력이 크다는 '촉'이 오는 지원자를 채용하는 경우가 많은 것도 이 때문이다. 이런 상황에서 채용 여부를 가르는 것은 지원자의 성격이다. 지금까지 경험상 굶주려 있고, 겸허하고, '실패할 수 없다'는 단호한 의지를 표하는 지원자들에게 베팅하면 좋은 결과를 얻을 때가 많았다.

소통 능력을 개발하라

커리어를 향상시키는 데 효과적인데도 자주 간과되는 스킬이 있다. 바로, 말과 글을 통해 잘 소통하는 스킬이다. 당신은 무슨 말을 하는지 이해하기 힘들 정도로 두서없이 작성된 이메일을 얼마나 많이 접하는가? 혼란스러운 이메일 때문에 정신 사나워졌던 적이 얼마나 많은가? 몇 단락에 걸쳐 인사치레로 늘어놓은 시답잖은 문장들 때문에 진짜 뉴스가 묻힌 발표문을 얼마나 많이 접하는가?

효율적이고 명쾌한 글쓰기 스타일은 모든 커리어 단계에서 당신에게 힘이 된다. "나는 글쓰기에 소질이 없어요"란 말은 하지 마라. 글쓰기 스킬을 개발하면 되니까.

효과적인 비즈니스 라이팅에 관한 책, 오디오북, 강좌가 이미 시중에 많이 나와 있다. 나는 영어 원어민이 아니기에 수년간 그런 책과 강좌 등을 이용해 글쓰기를 연습해야 했다. 그렇기에 자신 있게 말할 수 있다. 당신도 연습하면 글쓰기 능력을 몰라보게 향상시킬 수 있다.

연설은 모든 관리자가 연습해야 하는 또 다른 스킬이다. 청중이 많든 적든, 설득력 있게 말하지 못하는 관리자는 성공적인 커리어를 쌓기 어렵다. 상당수 리더가 처음에는 청중 앞에서 말하기를 겁냈다고 고백한다. 그 공포를 극복하는 유일한 방법은 실제로 청중 앞에서 말하는 것이다. 어쩌다 한 번이 아니라 최대한 자주 청중 앞에서 말해보라. 그러면 공포가 누그러지고 청중과 소통하는 데 능숙해질 것이다. 심지어 나중에 가서는 청중 앞에서 말하는 기회를 즐기게 될 것이다.

전달하려는 메시지가 무엇인지, 그런 메시지를 전달하려는 이유가 무엇인지 정확히 알고 말하면 설득력이 더해진다. 이런 기본적인 요령을 깨우친 다음에는, 자신에게 맞는 말하기 스타일을 개발해보라. 자신만의 스타일을 개발하면 무대 위에서 편안한 느낌으로, 힘 있게 말할 수 있다. 그러기까지 수년간 실험을 거쳐야 할 수도 있다. 하지만 계속해서 노력을 기울일 가치가 있는 일이다.

내 연설 스타일은 대화체 연설로 진화했다. 수백 명의 청중 앞이 아닌, 동료 두어 명 앞에서 수다를 떨고 이야기를 풀어놓는 것처럼 연설하는 것이다. 나는 전달하려는 메시지를 맨 처음에 말하고, 내 주장을 실증하기 위해 이야기를 풀어낸다. 이야기는 이해하기 쉽고, 떠드는 재미가 있다. 연설 내용 중 청중이 가장 잘 기억하는 부분도 그것이다. 당신의 이야기가 진부해지지 않도록, 연설 중에 예로 들기에 적합한 일화들의 목록을 작성하고 계속 갱신해나가라. 이야기 속에 무리 없이 유머를 집어넣는 것도 좋다.

무슨 연설을 하든 간에, 절대로 파워포인트 슬라이드 쇼 화면을 띄워놓고 글을 읽지 마라. 청중의 집중력을 가장 빨리 분산시키는 방법이다. 내 경험상 파워포인트 슬라이드 쇼는 연설자가 연설 중에 계속 의지하는 핵심 도구가 아니라 청중의 이해를 돕기 위한 보조 도구로 쓸 때 가장 효과가 좋다. 보조 도구로 쓰는 방법 중 하나는 파워포인트 슬라이드에서 모든 텍스트 상자를 제거하고, 시각적 요소를 증폭하는 것이다.

장기 목표에 집중하라

대다수 사람은 자신이 결국 어떤 사람이 될지에 대한 희미한 전망만 품은 채 커리어를 시작한다. 당신은 어떤 인물로 성장하길 원하는가? 이력서에는 그때그때 상황에 따라 직장을 옮긴 경위가 나와 있는데, 마치 눈 위에 찍힌 발자국을 보는 듯하다. 되돌아보면 합리적으로 설명하기 어려운 이직 발자국도 있다.

우선 끝내기에 대한 생각을 해두면, 장기전과 단기전을 동시에 수행하는 데 도움이 된다. 당신이 감탄하는 성공한 위인들의 삶을 살펴보면, 그들의 단기적 이직이 먼 미래의 더 큰 행보에 어떤 기여를 했는지 알게 될 것이다. 당신에겐 각각의 직장 경력을 통해 인맥을 강화해주는 새로운 멘토를 얻을 기회가 생긴다. 그러므로 급여, 직장의 위치, 그럴듯한 직함, 친구들 직장의 위치 같은 즉각적 요소만이 아니라 장기적으로 생길 기회에 기반해 자신이 맡을 역할을 평가해야 한다.

나는 다섯 살 때 CEO가 되는 꿈을 꿨다는 사람을 만나본 적도 있지만, 꼭 그렇게까지 집착하는 모습을 보일 필요는 없다. 당신은 자신의 장기적 목표를 언제든 바꿀 수 있고, 많은 이들이 그렇게 한다. 그렇지만 언제나 장기적으로 커리어를 생각하고, 그런 관점에서 결정을 내릴 것을 권한다. 명확한 목적은 매우 큰 힘이 된다.

직위와 보수에 과도하게 초점을 맞추지 마라

직장을 고를 때 어떤 요소를 고려해야 할까? 우선, 직함과 급여는 장기적 목적에 초점을 맞추고 일하다 보면 자연스럽게 따라오는 요소다. 대학 졸업 후 10여 년간은 직위나 보수에 너무 신경 쓰지 마라. 이 시기는 커리어를 쌓아 올리기 위해 탄탄한 토대를 다지는 때다. 유망 업종의 좋은 기업에서 훌륭히 역할을 수행하고 있는 상황이 아니라면, 높은 직위와 높은 보수는 장기적 커리어에 도움이 되지 않을 가능성이 크다.

직장 위치는 과거에는 큰 고려사항이었으나, 원격근무와 화상회의가 늘어나면서 중요성이 좀 덜해졌다. 나는 미시간주에서 10년간 거주하면서 IT 업계 커리어를 쌓으려 했다. 지금 돌이켜보면, 실리콘밸리에서 일하기 위해 곧바로 캘리포니아주로 갔어야 했다. 위치 선정을 잘못해 오랜 시간을 손해 봤다. 만약 자동차 업계에서 커리어를 쌓길 원했다면 미시간주에서 일하는 것이 좋은 선택이었겠지만, 내가 가려는 방향은 IT 업계였다.

관리 인프라가 성숙한 좋은 기업에 입사하라. 나는 대체로 대학을 갓 졸업한 청년들에게 스타트업 입사는 피하라고 조언한다. 스타트업에서 나쁜 습관을 배울 위험이 있기 때문이다. 전문성 있게 행동하지 않는 사람들로 구성된 미숙한 스타트업에 입사하게 될 수도 있는데, 실리콘밸리에서는 이를 '어른의 감독이 부족한 상태'라고 표현한다. 당신은 커리어 초기에 자신의 분야에서 폭넓은 교육을 받고 장차 임원으로 승진하기 위한 토대를 쌓고 싶어 할 것이다. 이 두 가지는 스타트업에서 하기 힘든 일이다. 그러니 스타트업에 들어가 스톡옵션을 받아 부자가 되는 인생 홈런을 칠 것이란 환상에 너무 사로잡히지 마라.

당신은 다른 회사로 이직할 때만이 아니라 회사 내에서 보직을 옮기면서도 수많은 직무, 직위, 임금 등급을 거치게 될 것이다. 단계마다 기회주의적 태도로 결정하지 말고 장기적 목적을 고려하여 심사숙고하라. 때로는 더 나은 이력을 밟아나가기 위해 낮은 직위나 낮은 보수를 감수하는 선택을 해야 할 수도 있을 것이다. 동료와 친구들이 커리어 선택에 영향을 미치려 하겠지만, 이에 휘둘리지 말고 선택해야 한다. 당신의 인생이니 스스로 인생의 키를 잡아라. 당신의 인생이 달린 결정을 동료와 친구들의 투표에 맡기지 마라.

고난을 받아들여라

"열정을 따르라."

대학 졸업생들이 자주 듣는 말이다. 하지만 현실에서는 꿈꾸는 목표를 추구하면 무슨 일을 해도 좋은 결과가 나오리라고 생각하기 힘들다. 우리는 자신이 소망하는 일을 거의 이루지 못한다. 그래도 최소한 분투하고 일하고 싸우면서 목적을 달성하고자 시도할 수는 있다. 현실적으로 성공할 확률이 있는 분야를 선택하라. 농구, 항해, 음악 연주, 그림 그리기처럼 열정을 느끼지만 성공할 확률이 낮은 분야는 취미 활동으로 삼아라.

직장 생활에서 업무와 관련한 투쟁을 피하기보다는 수용하려고 노력하라. 물론 그것은 힘들고 고통스럽고 심지어 공포스러울 수도 있다. 하지만 고난은 놀랍도록 교육적이고 당신이라는 사람을 형성하는 데 큰 영향을 미친다. 고난은 궁극적으로 커리어를 형성하고 만드는 경험이다. 미래의 고용주들은 당신이 고생해가며 싸운 경험을 평가할 것이다. 어렵지만 본질적으로 중요한 문제들을 해결해야 하는, 당신의 실력을 테스트받는 역할과 과제를 맡아라. 회사가 실제로 해결하려는 문제에서 멀리 떨어져 있을수록 당신의 커리어가 진전되는 속도는 느려질 것이다. 시간이 흐르고 나면, 어려운 문제를 해결하느라 고생한 시기를 가장 감사히 여길 것이다.

평판을 관리하라

커리어가 로켓처럼 솟아오르도록 연료를 넣어주는 요소 중 평판만 한 게 없다. 상사, 동료, 부하직원들이 당신과 함께 일하는 것이 어떤지 의견을 내놓는다. 영리한 관리자들은 다른 직장에서 경력을 쌓은 지원자를 여러 차례 면접하는 것보다 그 사람의 평판을 조회하는 것이 훨씬 더 정확히 평가하는 방법임을 알고 있다.

당신 주위의 모든 상사, 동료, 부하직원이 미래의 고용주가 참고할 평판을 내놓는다고 생각하라. 그들이 당신에 관해 좋게 말하게 하려면 어떻게 해야 할까?

첫째, 결과를 만들어내고 가시적 변화를 일으키고 조직에 실질적인 영향을 줘야 한다. 둘째, 상사부터 말단 직원까지 모든 사람을 사려 깊고 존중하는 태도로 대해야 한다. 당신이 베푼 작은 친절을 몇 년 뒤에도 기억하는 사람도 있을 것이다. 누가 알겠는가. 지금 옆 사무실에서 일하는 동료가 미래에 당신이 정말로 들어가고 싶어 하는 회사에서 채용 담당자로 일하고 있을지. 이것이 언제나 훗날을 생각해 결정을 내려야 하는 또 다른 이유다.

무엇이 커리어에 악영향을 주는가

위로 올라가려고 아무리 열심히 노력해도 더는 올라가지 못하고 정체하는 시기가 가끔 찾아올 것이다. 유능한 인재가 그런 경우를 겪는다면 성장 산업이나 성장세를 이어가는 기업에서 일하고 있지 않기 때문이다. 역동적인 성장 산업이나 성장 기업에서 근무하는 유능한 직원은 새로운 직책을 맡을 준비가 되어 있지 않은 상태인데도 승진하는 경우가 종종 있다. 만약 당신이 이와 반대의 상황에 있다면 커리어의 궤도를 수정해야 한다. 나도 그런 상황에 있을 때 그렇게 했다.

첫째, 직속상사와 주기적인 커리어 상담을 하라. 좋은 기업의 좋은 관리자라면 그쪽에서 먼저 상담을 청했을 것이다. 당신이 무슨 생각을 하고 있는지, 당신의 이직을 막을 길이 없을지 파악하기 위해서다. 전통적 기업에서는 이런 종류의 대화를 1년에 한 번하고, 고성장 기업이라면 아마도 분기에 한 번씩은 할 것이다. 하지만 당신이 커리어 개발을 주제로 직속상사와 실질적 대화를 나눈 적이 없는 직원이라면, 그것은 위험신호다. 직속상사에게 커리어 개발 상담을 요청하라.

이런 대화를 나눌 때는 현재 직장과 기업 미션에 당신이 헌신하고 있음을 먼저 말하라. 이는 당신이 장기적으로 임원이 될 잠재력이 있는 직원이고, 더 높은 조건을 제시하는 회사로 옮겨 다니는 용병이 아니라는 신호를 보낸다. 순진한 척 내숭을 떨거나, 리크루터로부터 전화를 몇 통 받았다는 얘기는 하지 마라. 모든 사람이 그런 전화를 받는다. 당신이 승진할 자격이 있다고 생각하지 말고 건설적인 대화를 하라. 회사는 당신에게 승진을 빚지고 있지 않다. 고용은 쌍방계약이다. 양측이 계약에 만족할 필요가 있다.

피고용인이 장기 소득을 최대화하기 위해 매번 강하게 임금 협상을 해야 한다고 주장하는 이들이 있다. 개인적으로 나는 그런 적이 전혀 없다. 고용주와 업무적 거래 관계로만 느껴지는 관계를 맺고 싶지 않아서다. 물론 치열한 흥정이 필요할 때도 있다. 당신은 무시당하거나 부당하게 대우받길 원치 않을 것이다. 그런 상황에 계속 처해 있다면, 결국 리크루터에게 연락하게 될 것이다. 이런 감정을 표현하라. 당신이 오래 근무하길 바라는 고용주라면 당신의 말에 귀를 기울이고 반응할 것이다. 만약 그러지 않는다면, 그것 자체도 소중한 정보다. 상사와의 건설적 대화는 당신의 근로 조건을 개선하는 적절하고 유익한 기회가 될 수 있다.

당신의 커리어를 궤도에서 이탈시키거나 끝장내는 요소는 대체로 당신의 경험이나 재능이 아니다. 대다수 직원은 평균적인 성과를 낸다. 결국 중요한 요소는 당신의 태도와 행동이다. 이는 스킬이 아니라 당신의 선택에 달린 것이다. 당신이 잘 협업하지 않거나 프로젝트에 주인의식을 갖지 않는다면, 회사에 가치 있는 직원이 아닌 문젯거리로 보일 것이다. 그리고 이런 종류의 행동은 업무 수행과 성과에 마이너스가 된다. 다른 직원들이 팀 프로젝트에서 당신과 함께 일하는 것을 피할 것이고, 그러면 오래지 않아 고용주에게 해고 통지를 받게 될 것이다. 그러니 태도를 바꿀 필요가 있다는 충고를 들었다면, 진지하게 받아들여라.

기업엔 승객 유형의 직원과 운전자 유형의 직원이 있고, 승객 유형의 직원은 언젠가 어려움에 처한다. 정리해고 시기가 오면, 회사는 승객 유형의 직원들을 주저 없이 해고할 것이다. 당신이 회의에서 얼마나 똑똑해 보이는 말을 하는지, 발표 자료를 얼마나 예쁘게 만드는지는 중요치 않다. 궁극적으로 당신이 회사에 계속 남아 있게 하는 요소는 당신의 태도와 행동이다. 세상사에서는 대체로 조직에 가치를 더하는 대신 남들에게 보이는 부분을 잘 관리하는 이들이 유리하다.

18장

CEO를 위한 길잡이: 창업자와 이사회를 대하는 방법

이번 장에서는 두 가지 특별 주제를 다루고자 한다. CEO와 CEO에게 조언하는 고위 임원들에게 가장 의미 있는 주제지만, 언젠가 최고경영진에 합류하고자 하는 열망을 지닌 이들에게도 통찰을 제공할 것으로 기대한다.

기업 계승이라는 난제

스타트업이 성장함에 따라 창업자가 CEO로 계속 남게 하는 것이 좋은가에 관한 논쟁이 끊이지 않는다. 최소한 최근 몇 년간 실리콘밸리에선 창업자가 CEO로 계속 남아야 한다는 의견의 근거가 될 만한 사례가 많이 나왔다. 역사상 가장 성공을 거둔 일부 기업은 창업자가 다년간 CEO직을 역임했다. 빌 게이츠, 스티브 잡스, 마크 베니오프Marc Benioff, 래리 엘리슨Larry Ellison, 젠슨 황Jensen Huang 등이 그런 예다. 하지만 창업자가 CEO직을 계속 수행하여 망한 스타트업의 사례도 많다. 따라서 정답이란 건 없다. CEO직을 훌륭히 수행하는 창업자도 있고, 그렇지 못한 창업자도 있다. 일반적으로는 좋은 아이디어를 가진 스타트업 창업자보다 그런 아이디어를 최대치까지 잘 실행하는 운영자가 더 보기 드물다. 그리고 이 두 가지 스킬을 겸비한 이를 찾기란 더더욱 어렵다.

창업자가 아닌데 CEO직을 수행한 경험이 있는 사람이라면, 창업자에게서 경영권을 가져올 때의 불편함을 경험해봤을 것이다. 나는 몇몇 기업의 발전에 한몫한 운영자로서 그런 일을 여러 차례 경험했다. 창업자가 CEO직에 대한 욕심이 없는 경우에는 비창업자 CEO로서 경영권을 행사하기가 편했다. 데이터도메인과 스노우플레이크가 그랬다. 반면 창업자가 장기간 CEO직을 수행했고 경영권을 넘겨주는 것을 탐탁지 않게 여기는 경우도 있었다. 서비스나우가 그랬다.

내가 CEO로 취임한 2003년에 데이터도메인은 창업한 지 겨우 18개월이 지났고, 나는 스물두 번째로 채용된 직원이었을 뿐이다. 그런 초기 단계의 스타트업에서조차 일부 직원은 첫 제품을 고객에게 판매하기 전의 초창기 시절에 대한 향수를 가지고 있었다. 창업자 카이 리는 프린스턴대학교 컴퓨터공학과 교수로, 안식년에 데이터도메인을 창업해 18개월간 모든 일을 도맡아 했는데 이제 대학으로 돌아가야 하는 시점이 됐다. 이사회는 2003년 가을 학기가 시작되기 전에 새로운 CEO를 구해야 했다. 당시 데이터도메인 상황은 나쁘지 않았으나, 잠재력을 다 발휘하여 사업을 번창시킬 CEO가 필요했다.

2003년의 데이터도메인과 대조적으로, 내가 CEO로 취임한 2011년 시점의 서비스나우는 창업자 프레드 루디가 CEO직을 장기간 수행해온 참이었다. 당시 서비스나우는 이미 실질적 매출을 올리고 있었고, 직원이 250명가량이었으며, 탄탄한 고객층을 기반으로 성장 궤도에 진입한 상태였다. 당시 서비스나우는 멕시코와 인접한 캘리포니아주 최남단의 대도시 샌디에이고의 기업으로, 캘리포니아주 북부의 실리콘밸리에 있는 경쟁사들을 무찔러야 할 악의 제국처럼 인식하고 있었다. 서비스나우의 조직문화에는 남부 캘리포니아의 라이프 스타일이 깊이 스며 있었다. 상당수 직원이 이른 아침에 서핑을 했고, 1년 내내 반바지와 슬리퍼 차림이었다.

그런 직원들에게 완전히 다른 마인드셋(전력을 다해 노력하라, 신발 끈을 조여 매고 일에 뛰어들어라, 실행이 생명이다, 비즈니스는 전쟁이다)을 가진 실리콘밸리 출신 경영자가 CEO로 취임했으니 충격이었을 것이다. 직원들이 이런 마인드셋을 받아들이기 얼마나 힘들었을지 당신도 상상할 수 있을 것이다.

스노우플레이크의 상황은 또 달랐다. 이번에는 비창업자 CEO에게서 경영권을 인계받았다. 전임 CEO 밥 머글리아Bob Muglia는 직원들에게 인기가 많은 경영자였다. 그는 매주 낙관적인 전체 회의를 주재했고, 해마다 전 사원이 타호 호수로 스키 여행을 떠났다. 직원들이 이런 CEO를 싫어할 이유가 있겠는가? 하지만 대다수 이사는 사업을 증폭할 CEO를 원했다. 밥은 스노우플레이크가 캐즘을 뛰어넘는 데 필요한 여러 가지 중요한 일들을 해냈지만, 이제는 캐즘을 뛰어넘은 회사의 잠재력을 최대한 발휘하여 회사 규모를 키우는 새로운 과제를 해결해야 했다.

2019년에 내가 CEO로 취임할 무렵 스노우플레이크의 매출액은 서비스나우와 비슷했지만, 직원 수는 서비스나우의 거의 4배에 달했다. 서비스나우가 자원을 공급받지 못해 메말라가는 상황이었다면, 스노우플레이크는 너무 많은 자원을 공급받고 있었다. 이는 환경의 산물이었다. 막대한 자본을 투자받았고, 절제 없이 지출을 늘렸고, 경영진이 승리를 자축하며 회사를 헤프게 운영했다. 나의 진지하고 규율 있는 경영 방식은 스노우플레이크 직원들에게 정신이 번쩍 드는 찬물 샤워와 같았다.

새로운 회사에서는 발걸음을 가볍게 내디뎌라

이렇듯 내가 세 기업의 CEO직을 역임하면서 얻은 교훈이 있다. 회사가 이전에 어떤 상황에 있었든지 간에, 비창업자 CEO는 처음에 발걸음을 가볍게 내디딜 필요가 있다는 것이다. 빨리 문제를 해결해야 한다는 압박감 때문에 조직문화를 즉시 바꾸려는 욕구가 컸던 나로서는 그런 욕구를 조금 억누를 필요가 있었다. 어차피 회사에 해결해야 할 중요한 이슈가 없는 상황이었다면 이사회가 CEO를 새로 뽑지도 않았을 터였다. 비창업자 CEO는 창업자를 버스 밖으로 내던지지 않은 채 이슈들을 처리해야 한다는 난제에 직면하기 마련이다.

당신이 그런 상황에 있는 비창업자 CEO라면, 우선 자신이 창업자가 아님을 깨달아야 한다. 직원들은 최소한 처음에는, 당신을 침입자로 인식할 것이다. 창업자들은 이미 상당한 업적을 이뤄 신화에 가까운 권위를 얻었을 테고 말이다.

이런 환경에서 CEO로 갓 취임했다면, 당신은 무엇으로 권위를 얻을 수 있을까? 최고참 직원들은 초창기 시절의 낭만을 계속 추억하며 향수에 젖는 경향이 있다. 그런 과거는 늘 실제보다 좋게 추억된다.

언제나 말과 행동에서 창업자에 대한 존중을 보여라. 비창업자 CEO는 창업자의 원래 비전을 실현하는 작업을 돕기 위해

CEO직을 수행하는 것이다. 비창업자 CEO는 궁극적으로 비난도 받고 찬사도 받을 테지만, 창업자를 계속 존중해야 한다. 창업자에겐 그럴 만한 자격이 있고, 여전히 회사에 속한 인물이다. 일부 창업자는 지속적인 찬사까진 아니더라도 직원과 고객들로부터 인정을 받고 싶어 한다. 그들은 고문이나 이사로 물러난 다음에도 회사를 여전히 자신의 아기로 여긴다. 당신이 CEO로 일하는 회사의 창업자들이 그렇게 자아가 강한 인물이라고 해도, 무조건 인정해줘라. 그러면 직원들도 당신이 창업자를 존중하고, 창업자처럼 자기중심적 행보를 보이지 않을 인물임을 이해하게 될 것이다.

당신이 이 섬세한 균형을 유지하고 창업자 역시 당신을 인정하게 된다면, 당신은 큰 경쟁우위를 얻게 된다. 스타트업 이사회는 벤처캐피털리스트들이 장악하는 경향이 있는데, 그들은 창업자가 신임 CEO를 부정적으로 평가할 경우를 걱정한다. 벤처캐피털리스트들은 창업자들 사이에서 자신의 평판을 신경 쓰는 반면, 비창업자 경영자들 사이에서의 평판은 덜 신경 쓴다. 성공을 거둔 창업자들은 언제든 다시 돌아올 잠재력을 갖춘 희귀한 존재로 보지만, 비창업자 CEO는 언제든 교체할 수 있는 존재라고 보기 때문이다.

특히 IT 업계에서 비창업자 CEO는 밭을 가는 짐말, 창업자는 귀중한 경주마로 인식된다. 그러니 당신이 일하는 회사에서도 창업자들은 계속 무게감을 지닐 것이다.

성공하면 인기는 따라온다

내 CEO 임기 초기마다 창업자들은 나를 채용한 결정을 후회한다고 공개적으로 밝히고 내 뒤에 있는 이사회에 불만을 토로했다. 나는 창업자들을 불편하게 하는 존재였다. 하지만 회사가 엄청난 성공을 거두자 가장 크게 불만을 토로했던 창업자마저도 나의 경영 방식에 수긍했다.

창업자들이 비창업자 CEO를 마음에 들어 한다면 좋다. 하지만 설령 그렇지 않은 상황일지라도 CEO는 계속 전진해야 한다. CEO의 임무는 인기를 얻는 것이 아니라 승리하는 것이다. 역설적이게도, 승리만 한다면 CEO는 모두에게 인기를 얻게 된다. 그러나 창업자들의 불만 때문에 CEO의 집중력이 흐트러지고 회사 실적이 나오지 않는다면, CEO는 정말로 암울한 상황에 직면할 것이다.

넷앱을 성공적으로 이끈 CEO 댄 워멘호벤Dan Warmenhoven은 자존감이 약한 사람은 CEO가 해야 하는 일을 해낼 수 없기에, 위대한 CEO는 모두 자존감이 강한 사람이라고 말한 바 있다. 하지만 자부심과 자존심이 너무 강한 인물은 사람들이 받아들이기 어렵고, 따라서 효과적으로 경영하기 어렵다. 이런 균형을 유지하기란 쉽지 않다.

신임 CEO가 처음에 부딪히는 난제는 시간이 흐르면 대처하기 쉬워질 것이다. 예를 들어, 내가 CEO직을 수행한 세 기업은 모두 몇 분기 만에 높은 성장세를 기록해 대다수 직원이 이전 CEO와 나를 비교하지 않게 됐다. 대다수 직원은 내가 CEO로 취임한 다음에 고용됐기에 전임 CEO 시절을 그리워할 근거가 없었다.

그렇더라도, 가능하면 창업자들에게 계속 공을 돌려라. 회사라는 마을이 존재해야 성공도 거둘 수 있지 않겠는가. 창업자들은 여전히 명예주민이라는 점을 잊지 마라.

이사회를 대하는 기술

창업자들과 마찬가지로, 이사회 멤버들도 관계를 형성하고 선을 긋는 데 기술이 필요한 대상이다.

이사회의 역할은 무엇인가. 이 점이 명확하지 않을 때 신임 CEO들은 종종 혼란을 겪는다. 어디까지가 이사회의 권한이고, 어디부터가 경영자의 책임 범위인지 경계가 확실치 않기 때문이다. 이론상으론 이사회가 CEO에게 조언하는 것과 회사를 어떻게 경영하라고 참견하는 것은 분명히 다르다. 그러나 현실에선 둘의 경계가 꽤 모호하다. 이사들은 경영자의 영역을 침범하려는 유혹을 종종 느낀다. 경험이 적은 CEO들은 이사회가 자신을 채용했으니 이사회를 상사처럼 느껴 그들이 선을 넘도록 허용한다.

이사회와 경영자는 그렇게 단순한 관계가 아니다. 물론 이사회의 역할 중 하나는 CEO를 선임하고 해임하는 것이다. 하지만 현명한 이사회라면, 회사 상황이 심각한 경우에나 CEO를 해임할 뿐 보통은 CEO에게 기업 전략과 운영에 관한 거의 완전한 권한을 부여한다. 그리고 CEO 해임을 절대로 가볍게 선택해서는 안 될, 리스크가 높고 고통스러운 최후의 수단으로 간주한다. 신임 CEO 선임에는 상당한 시간이 걸리기에 단기적 리더십 공백으로 회사가 손실을 볼 가능성도 있다. 따라서 현명한 이사회는 되도록 그런 선택지로 가지 않으려 한다.

다른 한편으론, 대부분이 과거에 중요 직책들을 역임한 인물들이기에 자신의 주장을 펼칠 기회를 노리는 이사도 종종 있다. 예상 가능한 인간의 본성상 그들은 경영에 영향력을 미치고 싶어 한다. 특히 다수의 기업 이사로 활동한 경험이 있는 벤처캐피털리스트 이사들이 그렇다. 게다가 일부 벤처캐피털리스트 이사들은 '자기 돈'을 CEO가 쓰고 있다고 생각하기에 선을 넘어 경영에 참견할 권리가 있다고 느낀다. 이 또한 인간의 본성이자,

CEO에게 이사회와의 관계 설정이 매우 까다로운 과제가 되는 또 다른 원인이다.

내 말을 오해하지 마라. 당신에게 이사들을 무시하고 그들의 피드백에 귀를 닫으라고 말하려는 것이 아니다. 이사들은 경영자와 소통하고, 경영자에게 중요한 질문을 던지고, 신선한 견해를 제시하고, 경영자가 투자자들의 이익을 잘 고려하고 있는지 확인하기 위해 존재한다. 이 모든 것이 유익하고 생산적이며, 모든 사람이 회사의 방향을 신뢰하게 하는 데 도움이 된다. 문제는 이사회가 선을 넘어 최고경영자에게 특정 결정을 강요하려 할 때만 발생한다.

이사회에 굴종하지 마라

신임 CEO들은 종종 자신의 권한 영역을 주장하길 주저한다. 권한 영역의 경계가 어디이고 어떻게 그려져야 하는지 확신이 들지 않기 때문이다. 그런 상황에 처한 CEO가 크고 위협적인 목소리를 내는 이사들을 달래고 만족시키려 하는 것은 지극히 인간적인 반응이라고 할 만하다. 하지만 나는 그런 반사작용을 억제하라고 조언하고 싶다. CEO가 굴종적인 태도를 보이는 것은 권력의 공백을 의미한다. 그런 CEO에게는 이사들이 참견이 갈수록 심해진다.

특히 새 CEO를 선임했을 때 이사회가 수습 기간을 두려 하는 경우도 있다. 즉, CEO가 결정을 내릴 때 이사회에 확인을 받으라고 요구하는 것이다. 하지만 부모가 청소년 자녀를 대하듯 이사회가 CEO를 대한다면, 언제가 되어야 CEO가 독립적으로 행동할 수 있을까?

CEO가 이런 수습 기간 설정을 허용하면, 이사회는 수습 기간을 영원히 유지할 핑계를 찾을 것이다.

이사회가 옳든 그르든, 원래 성격이 유순해서 이사회의 동의를 구하는 CEO들도 있다. 혼자서 결정하길 두려워하고, 이사회가 결정을 내리면 안도감을 느낀다. 하지만 그런 안도감은 단기적으로는 위안이 될지 모르나, CEO로 계속 일하는 데는 도움이 되지 않는다. 모든 주요 결정마다 이사회의 권위에 순응하는 것은 CEO로서 안전한 플레이가 아니다. 사실 CEO가 자신의 권위와 적법성에 따라 결정하고, 그 결정에 책임을 지는 것보다 장기적으론 훨씬 위험한 플레이다.

나는 수십 년간 하락세를 보이는 유명 대기업들의 이사회에서 무슨 일이 벌어지는지 의문이 들 때가 가끔 있다. 보통 이런 대기업의 리더들은 기자회견에서 정치적으론 옳지만 하품만 나오는 발언을 하고, 아무도 동의하지 않을 만한 발언은 전혀 하지 않는다. 이런 대기업들은 매출액이 매년 계속 감소세를 보이고, 주가를 부양하기 위해 현금을 써가며 주식을 사들여 소각한다. 과거에 다른 기업을 인수했으나 원래의 인수 목적을 달성하지 못하고 허우적댄다.

이런 대기업의 이사들은 다리 쭉 뻗고 잘지 모르지만, 그럴 형편이 아니다. 그리고 그런 이사회와 '좋은 게 좋은 거지'라는 태도로 지내는 CEO들도 다리 쭉 뻗고 잘 형편이 아니다. 언젠가는 적극적인 주주들이 반란을 일으켜 이사회를 뒤엎고 이사회에 순응하는 CEO를 교체할 것이기 때문이다.

CEO에게 안전한 피난처는 없다. CEO는 회사의 미래를 만드는 행동을 하기 위해 불편한 상황에 익숙해져야 한다.

이사회에 순응적인 CEO의 또 다른 문제점은 직원들 사이에서 리더십을 잃는다는 것이다. CEO의 계획이 이사회의 반대로 무산됐다는 소식을 접한 직원들은 누가 실제로 회사를 경영하는지 의문을 품게 된다. CEO가 전략을 발표할 때마다 "이사회는 다음과 같은 사항을 원합니다"라고 말할 때도 직원들은 같은 의문을 품게 된다.

CEO는 친구를 사귀거나 지시에 복종하기 위해 그 자리에 있는 것이 아니다. 승리하기 위해 그 자리에 있는 것이다. 임기 내에 모든 목표를 달성하기만 한다면, CEO가 이사회의 제안을 무시할지라도 이사회는 CEO를 하늘 높이 칭송할 것이다. 반대로 회사가 어려움을 겪는다면, 이사회는 CEO를 비난하고 해임할 것이다. 그런 순간이 닥친 CEO에게 이사들과 식사하며 얼마나 친목을 다졌는지, 이사들에게 얼마나 아부했는지, 이사들의 지시에 얼마나 잘 따랐는지는 의미가 없다.

이사회를 앞장서서 이끌어라

최고사령관으로서 자신의 권한을 최대치까지 발휘하는 CEO는 드물다. 준비가 됐든 안 됐든, 일단 큰 직책을 맡은 사람은 그에 걸맞게 행동해야 한다. 훌륭한 CEO는 이사회를 리드한다.

  이게 무슨 뜻일까? 우선, 이사회에 가서 CEO가 직면한 이슈에 관해 이사회가 어떻게 생각하는지 묻지 마라. 그 대신, 먼저 임원급 리더십팀 회의를 열어 CEO 자신이 생각하는 바를 털어놓아라. 회의에 참석한 임원들이 질문하거나 우려를 표하는 것은 CEO에게 괜찮은 일이다. CEO가 이사회에 이끌려 다니는 것은 권력의 공백을 만드는 선택이고, CEO가 임원급 리더십팀 회의를 여는 것은 권력의 공백을 메우는 선택이다. CEO가 이사회에 참석하기 전에 임원급 리더십팀 회의를 열어 임원들의 의견을 먼저 듣는다면, 이사들이 이슈 논의를 주도하기가 훨씬 어려워진다.

  미리 준비할 수 있다는 점도 CEO에게 유리한 대목이다. 이사회가 열리기 전에 며칠이나 몇 주 동안 CEO는 이사회에서 논의할 주제를 생각할 수 있는 반면, 대다수 이사는 무슨 주제를 논의하게 될지 모를 것이다.

이사들은 보통 1년에 네 번 이사회에 참석한다. 그런 이들이 회사에서 무슨 일이 벌어지고 있는지 얼마나 알고 있을까? 감에 의존하는 이사들은 데이터, 분석, 용의주도한 계획으로 무장한 CEO와 경쟁할 수 없다. 개인적 이력과 경험을 토대로 의견을 제시할 뿐이다. 이사들이 제시하는 의견은 CEO가 적당히 걸러서 들어야 한다.

이사들로부터 답을 구하려 하지 마라. CEO는 먼저 임원급 리더십팀 회의를 열어 적합한 답을 구한 다음에 이사들의 동의를 얻을 수 있도록 이사회를 주도해야 한다.

CEO가 이사회를 주도하는 회사에서도 이사들이 CEO의 권한 범위에 속하는 사안에 영향력을 행사하려는 경우도 있다. 한 예로, 나는 이사회의 보상위원회가 이사회의 전략 지시에 얼마나 순응하느냐에 따라 CEO의 보상을 정하려 하는 경우를 여러 차례 목격했다. CEO는 이처럼 중요한 사안에서 절대로 굴복해서는 안 된다.

보상위원회는 CEO와 CEO에게 직접 보고하는 중역들에게 제공될 보상을 심의하고 의결하는 기구다. 이런 기구가 있다는 건 바람직하다. CEO는 회사에서 감독하는 상사가 없는 유일한

직책이고, 감시는 건강한 기업 거버넌스corporate governance (이해관계
자들의 관계를 조정하고 경영을 감시하는 메커니즘—옮긴이)를 위해 필수적
이기 때문이다.

하지만 그렇더라도 CEO는 고위 임원들이 받는 보상에 대해
강한 발언권을 가져야 한다. 이사회는 회사의 모든 부분이 업계
의 합리적 기준에 맞게 잘 정렬된 상태인지 확인하는 역할을 수
행할 수 있지만, CEO는 이사회가 소홀히 하기 쉬운 고위 임원들
의 보상 문제에 적극적으로 나서야 한다.

가끔 일부 이사가 내 권한 범위 내의 결정을 통제하려 할 때,
나는 그런 사안에서 내 권한을 무시하고 싶다면 나를 교체할 신
임 CEO를 찾아야 할 것이라며 맞섰다. 이는 가볍게 사용해서는
안 되지만 극적인 효과를 낼 수 있는 전술로, 당신이 CEO의 권
한을 진지하게 지키고 싶다면 고려해볼 만한 수단이다. CEO는
자리에 너무 연연해서는 안 된다. 필요하면 CEO직을 사임할 각
오를 해야 한다. 당신이 이런 최후통첩을 이사회에 보낼 필요를
느끼지 못할 수도 있고, 최후통첩을 보냈더라도 실제로는 사임
까지 가지 않고 마무리될 수도 있다. 하지만 CEO로서 권한을 지
키기 위해서는 CEO직을 내려놓을 각오를 해야 한다. 그렇지 않
으면 남은 임기 내내 CEO의 권한이 돌이킬 수 없을 만큼 훼손
될 것이다.

훌륭한 CEO는 자신의 권한을 단호히 주장하는 데 주저함이

없다. 그리고 회사생활의 구조와 관습 내에서 자신의 권한을 적극적으로 행사한다. CEO의 권한은 행사하지 않으면 사라지고 만다.

• 19장 •
결론: 위대한 리더는
한계를 넘어 성장을 이룬다

'위대한 CEO의 조건이 무엇인가?'라는 질문을 때때로 받는다. 사람들은 지적인, 카리스마 있는, 협력적인, 유창한 같은 일련의 형용사를 포함한 설명을 기대한다. 포스트잇에 적어 화장실 거울에 붙여놓고 매일 영감을 얻을 수 있는 단어들 말이다. 현재와 미래의 CEO들을 위한 길잡이로 쓴 이 책을 여기까지 읽었으니 당신도 잘 알겠지만, 답은 그리 간단치 않다.

비즈니스에서 탁월한 결과를 내는 길에는 여러 가지가 있다. 당신은 자신의 기질, 성향, 천부적 소질에 맞는 길을 찾아야 한다. 나를 비롯한 다른 리더들을 베끼거나 흉내 내려 하지 마라. 힘든 상황이 닥쳤을 때 '프랭크라면 어떻게 했을까?' 같은 질문을 던지지 마라. 자신만의 길을 찾는 속도를 늦출 뿐이다.

그 대신 당신의 모든 경험을 최대한 활용하라. 그간의 경험과 이 책에서 논의한 통찰을 접목하여 역량을 한층 더 갈고닦아 더 성공적이고 참된 리더가 되길 바란다. 아무리 오래 걸릴지라도, 수많은 한계에 부딪힐지라도, 자신만의 길을 찾는 작업은 당신의 잠재력을 끌어낼 것이다.

나는 위대한 리더의 조건을 설명한 책들에 나오는 모든 전제조건에 부합하는 젊은 CEO를 여럿 봐왔다. 그들은 스마트하고 정력적이고 근면하고 야망이 크다. 그 덕에 자신만의 길을 발견하는 데 필요한 경험을 충분히 얻기 전에 중대한 리더십 직책을 맡았다. 물론 때때로 상처를 입고 피를 흘리기도 했다. 견디기 힘든 경험이지만, 이런 쓰디쓴 실패의 경험이 나중에 맛볼 빛나는 성공의 초석이 된다.

당신의 경험이 내포하는 의미는 훗날 되돌아볼 때 진정으로 깨달을 수 있을 것이다. 그러니 부득이한 역경과 좌절을 훌륭한 리더로 성장하는 여정의 일부로 받아들여라. 당신이 그런 어려움을 겪는 데는 그만한 이유가 있다.

어떤 직위에 있든 훌륭한 리더들은 훌륭한 결과를 낸다. 당신이 아무리 공감 능력이 강하고 카리스마 넘치고 인기 많은 리더가 되더라도, 사업이 망하면 아무 소용이 없다. 그리고 리더는 숨을 데가 없다. 그때 가서는 변명이든 해명이든, 당신이 어떤 말을 하더라도 아무도 신경 쓰지 않는다. 당신의 통제 범위를 넘어선 불운 때문에 사업이 망했을지라도 말이다.

불공평한가? 물론 그렇다! 하지만 이것이 우리가 사는 세계, 우리가 리더로서 받아들여야 하는 세계다.

하지만 다행인 부분도 있다. 오랜 세월 굴하지 않고 계속 노력한다면, 고객에게 가치를 전달하는 일에 극도로 집중한다면, 규율 있는 조직문화를 형성한다면 결국엔 열매를 맺는다는 점이다. 그런 일을 해낸 리더는 그에 따른 보상을 받을 것이다. 굳은 의지, 지속성, 기업 미션에 대한 집중, 중요한 것과 중요하지 않은 것에 대한 명확한 기준을 모두 겸비한 리더는 누구보다 좋은 성과를 낸다. 진정으로 증폭하는 리더를 이기기란 어렵다.

리더로서 당신의 여정에 진심으로 성공을 기원한다.

옮긴이 윤태경

중앙대학교를 졸업하고, 번역가 모임인 바른번역에서 경제경영 및 인문사회 전문 번역가로 활동 중이다. 간결하고 명확한 번역 스타일을 선호하며, 독자들에게 미래 트렌드와 지식을 알기 쉽게 소개하고자 다양한 공부를 하고 있다. 옮긴 책으로는 《창의성을 지휘하라》, 《위대한 도약》, 《제트코노미》, 《공동체 경제학》, 《블랙 에지》, 《미쉐린 타이어는 왜 레스토랑에 별점을 매겼을까》, 《규모와 민첩성을 연결하라》, 《메이커스》, 《모든 악마가 여기에 있다》, 《미각의 지배》, 《혁신의 대가들》, 《인간을 위한 도시 만들기》, 《우리는 도시에서 행복한가》, 《마켓바스켓 이야기》, 《뇌의 배신》, 《중국 없는 세계》, 《죽은 경제학자들의 만찬》, 《기업의 경제학》 등 다수가 있다.

넥스트 구글, 스노우플레이크의 1000배 성장 비결

한계 없음

제1판 1쇄 발행 | 2022년 9월 12일
제1판 3쇄 발행 | 2024년 2월 28일

지은이 | 프랭크 슬루트만
옮긴이 | 윤태경
펴낸이 | 김수언
펴낸곳 | 한국경제신문 한경BP
책임편집 | 박혜정
교정교열 | 공순례
저작권 | 백상아
홍보 | 서은실 · 이여진 · 박도현
마케팅 | 김규형 · 정우연
디자인 | 권석중
본문디자인 | 디자인 현

주소 | 서울특별시 중구 청파로 463
기획출판팀 | 02-3604-590, 584
영업마케팅팀 | 02-3604-595, 562   FAX | 02-3604-599
H | http://bp.hankyung.com   E | bp@hankyung.com
F | www.facebook.com/hankyungbp
등록 | 제 2-315(1967. 5. 15)

ISBN 978-89-475-4843-4   03320